Die schönsten
Gebete der
Weltreligionen

Gebete des Islam

Halima Krausen, islamische Theologin, Mitglied und Dozentin der Initiative für islamische Studien in Hamburg. Halima Krausen ist Imam einer Hamburger Gemeinde und eine der Wortführerinnen des islamisch-christlichen Dialogs in Deutschland.

Licht über Licht

Die schönsten Gebete des Islam

Ins Deutsche übertragen
und herausgegeben von
Imam Halima Krausen

HERDER

FREIBURG · BASEL · WIEN

MIX
Papier aus verantwortungsvollen Quellen
FSC® C106847
www.fsc.org

Originalausgabe

www.herder.de

Umschlagkonzeption und -gestaltung: Agentur R · M · E
Eschlbeck / Hanel / Grober
Umschlagmotiv: © Designbüro gestaltungssaal,
Sabine Hanel / Alexandra Grober
Satz: SatzWeise
fgb · freiburger graphische betriebe
www.fgb.de

Printed in Germany
ISBN 978-3-451-06402-9

Inhaltsverzeichnis

Einführung

Bei dem Wort »Gebet« denken Muslime meist als Erstes an das rituelle Gebet, das als eine der »Fünf Säulen des Islam« (Glaubenszeugnis, Gebet, Armenabgabe, Fasten, Pilgerfahrt) seinen festen Platz im Rhythmus des Alltagslebens hat. Es besteht aus liturgischen Elementen, die auch außerhalb des rituellen Gebets eine eigenständige Funktion haben: Bitte, Klage, Dank, Segenswunsch, Rezitation von Abschnitten aus dem Qur'an, Meditation, körperliche Gesten usw.; sie können jeweils im deutschen Sprachgebrauch ebenfalls mit dem Wort »Gebet« im weitesten Sinne wiedergegeben werden. Das arabische Wort *Salâh,* das für das rituelle Gebet verwendet wird, bedeutet buchstäblich eigentlich »Verbindung« (ähnlich wie lateinisch »religio«). Im rituellen Gebet wird ein Zwiegespräch zwischen Gott und Mensch dargestellt, das der Vergegenwärtigung der göttlichen Gegenwart dient und als Mittel gilt, Gott näherzukommen. Übrigens ist dies nicht ein Privileg des Menschen allein, sondern alle Geschöpfe können die Verbindung mit ihrem Schöpfer pflegen:

> Siehst du nicht, dass es Gott ist, den alle verherrlichen, die in den Himmeln und auf Erden sind, und die Vögel auch mit ausgebreiteten Schwingen? Jedes kennt sein Gebet und seine Verherrlichung, und Gott weiß wohl, was sie tun.
>
> Surah 24:42

Die fünf Tagesgebete sind in den Tagesablauf eingebettet und geben diesem einen Rhythmus von Arbeit, Gebet und Ruhe, der den Muslim durch das Leben begleitet:

Preis sei also Gott, wenn ihr den Morgen erlebt und wenn ihr den Abend erlebt, denn Ihm gebührt alles Lob im Himmel und auf Erden – auch am Nachmittag und wenn ihr die Sonne niedergehen seht.

Surah 3:17–18

Das rituelle Gebet

In der Praxis sind die täglichen Gebetszeiten wie folgt eingeteilt:

1. Das Morgengebet in der Morgendämmerung vor dem Sonnenaufgang
2. Das Mittagsgebet nach Überschreiten des astronomischen Mittags in der ersten Hälfte des Nachmittags
3. Das Nachmittagsgebet in der zweiten Hälfte des Nachmittags bis vor dem Sonnenuntergang
4. Das Abendgebet nach dem Sonnenuntergang in der Abenddämmerung
5. Das Nachtgebet nach dem völligen Dunkelwerden.

In der Regel wird am Anfang dieser Zeiten vom Minarett der Moschee aus zum Gebet gerufen, und unmittelbar im Anschluss daran findet ein Gemeinschaftsgebet in der Moschee statt. Man betet aber auch einzeln oder in Gemeinschaft da, wo man sich gerade befindet, irgendwann innerhalb des vorgesehenen Zeitraums, wie es sich am besten mit dem Arbeitsprozess vereinbaren lässt. In der säkularisierten Welt werden dazu meist die Arbeitspausen benutzt – Firmen, die viele Muslime beschäftigen, haben dazu manchmal einen Betriebsgebetsraum, aber in den islamischen Ländern sieht man immer wieder, wie Menschen auf dem Markt, auf dem Bahnhof oder einfach auf der Straße beten.

Abgesehen davon hat aber der Dienst am Menschen Vorrang: Ein Gebet kann man gegebenenfalls nachholen, nicht aber Tätigkeiten beispielsweise als Arzt, Krankenpfleger, Polizist oder Fluglotse. Im Islam gibt es kein Priestertum, so dass jeder Muslim theoretisch ein gemeinsames Gebet leiten kann. In einigen Ländern beten Frauen bevorzugt zu Hause, auch mit den Kindern, gemäß der Weisung des Propheten, »die Häuser nicht in Gräber zu verwandeln«. Allerdings hat der Prophet ausdrücklich verboten, Frauen am Besuch der Moschee zu hindern. Der wöchentliche Hauptgottesdienst, der im Wesentlichen aus einer Predigt und dem gemeinsamen Gebet besteht, findet am Freitag in der Mittagszeit statt: der Überlieferung zufolge gilt der Freitag als der Tag, an dem der Mensch erschaffen wurde und auf die Erde kam. Er heißt auf Arabisch Yawm al-Jumu'ah, Tag der Versammlung, an dem sich Menschen versammeln, um an ihren Schöpfer zu denken.

Voraussetzungen für das rituelle Gebet sind

1) die rituelle Reinigung (Gebetswaschung: Hände, Gesicht einschließlich Mund und Nase, Unterarme, Streichen über den Kopf einschließlich Ohren und Hals, Füße), die eine Erinnerung an das innere Streben nach reinen Gedanken und Absichten und nach Lauterkeit der Wünsche und Zielsetzungen darstellt,
2) die Sauberkeit des Ortes (ein Gebetsteppich gewährleistet ggf. eine saubere Bodenfläche),
3) die Gebetsrichtung nach Mekka, wo der Islam seinen Anfang nahm, sozusagen als Verbindung mit dem Ursprung (in der Moschee wird sie durch eine Nische angezeigt; auf Reisen benutzen viele einen speziellen Kompass).

Das rituelle Gebet erfordert Konzentration auf Gottes

Gegenwart und innere Präsenz. Ablenkungen durch grelle Farben oder Bilder werden vermieden – abgesehen davon, dass es nicht erlaubt ist, Gott bildlich darzustellen, und dass andere religiöse Abbildungen stark umstritten sind. Die Dekoration in Moscheen besteht daher in der Regel aus regelmäßigen geometrischen oder floralen Mustern sowie Kalligraphien, bei denen es Muslime zu einer besonderen Meisterschaft gebracht haben. Um Ablenkungen zu vermeiden, stehen Männer und Frauen beim Gemeinschaftsgebet normalerweise nicht gemischt beieinander, sondern je nach den örtlichen Gegebenheiten in voneinander getrennten Reihen, oft mit einem zusätzlichen Sichtschutz oder auch gesonderten Räumen für die Frauen. In Zentralasien besteht teilweise auch die Tradition, dass es für Männer und Frauen gesonderte Moscheen gibt, jeweils mit dem entsprechenden Personal. Allerdings genießen kleine Kinder in der Moschee einen großen Freiraum.

Das Phänomen, dass ein Ritual leicht zur Gewohnheit werden kann, so dass es automatisch verrichtet wird, ist bekannt. Der Mystiker Nizamuddi Awlia' (Indien, 14. Jh.) erzählte in einem seiner Vorträge über die geistige Gegenwart von Hasan Afghani, einem Sufi, der einmal in Multan an einer Moschee vorbeikam, als gerade zum Gebet gerufen wurde. Er ging also hinein und stellte sich hinter dem Imam in die Reihe der Betenden. Nachdem das Gebet beendet war, ging Hasan auf den Imam zu und sagte: »Am Anfang des Gebets stand auch ich in der Reihe hinter dir zwischen den anderen. Dann bist du aber im Gebet von hier aus nach Delhi gereist und hast dort Sklavinnen gekauft. Darauf bist du von dort zurückgekommen und hast diese Sklavinnen nach Khorasan gebracht, wo du sie weiterverkauft hast. Danach bist du wieder nach Multan zurückgekommen und hast diese Moschee betreten – rechtzeitig zum Abschluss des Gebets. Ich musste die ganze Zeit hinter dir herreisen. Das war aber ein sehr anstrengendes Gebet!«

Das Problem mangelnder innerer Gegenwart wird von den Gelehrten wiederholt erörtert. Als Abhilfe wird unter anderem vorgeschlagen, den Text beim Rezitieren langsamer und deutlicher auszusprechen oder sich durch Wiederholen des Gebetsrufes, einleitendes Bittgebet usw. einzustimmen. Es gibt aber durchaus auch die Erfahrung, dass das rituelle Gebet tatsächlich das wird, als was der Prophet Muhammad es beschrieben hat: eine Himmelsreise und eine unmittelbare Begegnung mit dem Schöpfer.

Wenn es die Situation auf einer Reise, im Notfall oder bei Gefahr erfordert, kann man rituelle Gebete abkürzen und zusammenfassen. Kranke, die nicht in der Lage sind, die Gebetsgesten körperlich durchzuführen, tun das, was für sie möglich ist, im Sitzen oder Liegen und vollziehen alles andere innerlich nach – so ist es durchaus üblich, dass ein Rollstuhlfahrer in der Moschee in den Reihen der Betenden sitzt.

Andere Formen des Gebetes

Während das rituelle Gebet die Einheit der Muslime unterstreicht, sind andere Formen des Gebets mehr mit lokalen Sprachen und Traditionen verbunden. Dazu gehören:

- Die *Anrufung Gottes (Du'â)* im persönlichen Gebet als Bitte, Dank, Klage usw., unabhängig von Sprache, Form und rituellen Voraussetzungen. Vielmals nehmen Muslime im Anschluss an das rituelle Gebet die Gelegenheit wahr, Gott auf diese Weise ihre Anliegen vorzulegen. Fürbitten für die Gemeinschaft gehören auch regelmäßig mit zum Freitagsgottesdienst. Solche persönlichen Gebete gibt es aber für alle Lebenslagen.

- Das *Rezitieren (Qirâ'ah)* in erster Linie des Qur'an, aber auch das Lesen erbaulicher und meditativer Texte. Dies hat regelmäßig seinen Platz bei Anlässen wie beispielsweise der Einweihung eines Gebäudes, dem Abschluss eines Bündnisses oder bei einer Tagung mit religiösem Inhalt, aber auch im Zusammenhang mit Familienanlässen wie Hochzeiten oder Beerdigungen.
- Das *Anhören (Samâ')* des Qur'an; in den Sufitraditionen versteht man darunter auch das Anhören religiöser Gesänge, bisweilen in Verbindung mit meditativem Tanz (»Tanzende Derwische«).
- Das *Gedenken Gottes (Dhikr)* in der gemeinsamen lauten Wiederholung meditativer Anrufungen oder in stiller Meditation – Meister der mystischen Traditionen sehen das Fortschreiten vom öffentlichen lauten zum stillen persönlichen Gedenken als eine zunehmende Verinnerlichung.
- Die *Lobpreisung Gottes (Tasbih)* in Worten und Handlungen.

Es ist oft diskutiert worden, ob Gebete um ein Anliegen Gott veranlassen können, Seinen Beschluss in dieser Sache zu ändern. Grundsätzlich sind Theologen vorsichtig mit der Annahme, dass irgendetwas Einfluss auf Gottes Willen haben und somit als eine Einschränkung Seiner Macht missverstanden werden könnte. Allerdings sagt der Qur'an:

> Wenn Meine Diener dich nach Mir fragen: Ich bin nahe. Ich antworte dem Ruf des Rufenden, wenn er Mich anruft. Also sollen auch sie Mir antworten und an Mich glauben, damit sie geleitet werden.
>
> Surah 2:186

Problematisch wird die Frage allerdings dann, wenn man von einer Prädestinationslehre ausgeht: Dann würden solche Gebete nämlich von vornherein sinnlos erscheinen. Hier wird betont, dass Gebete zwar nicht Gottes Beschluss ändern, wohl aber ein Ausdruck von Gehorsam Gott gegenüber sind, die dem Betenden als gute Handlungen angerechnet werden, weil er sich an Gott erinnert. Fest steht jedenfalls, dass das Gebet den Betenden verändert.

Zum Inhalt dieses Buches

Dieses Buch enthält Texte aus allen oben erwähnten Kategorien:

- Im *rituellen Gebet* gesprochene, darunter einige Beispiele für Abschnitte aus dem Qur'an, die häufig rezitiert werden, sowie die bekanntesten überlieferten Texte im Zusammenhang mit den verschiedenen Gebetsgesten.
- Gebetstexte, die *Bitte, Dank, Klage* usw. ausdrücken, aus dem Qur'an, wo sie oftmals prophetischen Persönlichkeiten zugeschrieben werden, und aus den bekannten Sammlungen von Überlieferungen vom Propheten Muhammad.
- *Meditative Gebetstexte* von einigen Gelehrten und Mystikern späterer Generationen, und zwar aus der sunnitischen als auch aus der schi'itischen Tradition.

Überlieferte Gebete bedeutender Persönlichkeiten werden in der islamischen Welt in unterschiedlichen Variationen in der Familie, der Gemeinde, einem Sufikreis oder unter Freunden mündich weitervermittelt. Kleine Sammlungen findet man oft in handlichen Büchern, die man leicht bei sich tragen kann. Sie werden im Bazar oder auf Büchertischen vor oder in den Moscheen angeboten oder anlässlich der Pilgerfahrt nach Mekka kostenlos an einreisende Pilger verteilt. Man benutzt sie bevorzugt, um einem wichtigen Anliegen Nachdruck zu geben oder einer öffentlichen Fürbitte wie etwa im Freitagsgottesdienst oder zu einem besonderen Anlass einen feierlichen Rahmen zu verleihen. Überlieferte Gebetstexte sind aber auch als Anregung zu selbst formulierten Gebeten sehr beliebt.

Es war nicht leicht, aus dem reichen Schatz von Gebeten eine Auswahl zu treffen. Da gibt es kurze Anrufungen in verschiedenen Situationen und Gefühlslagen, beispielsweise Lobpreisungen, wenn man etwas Schönes sieht oder hört; oder Schutzsuche, wenn man erschrickt oder Angst vor etwas empfindet; oder Bitten um Hilfe, wenn man Zorn oder Trauer empfindet; oder die Erinnerung an Gottes Güte, wenn man ein neues Kleidungsstück anzieht oder in ein Fahrzeug einsteigt. Da gibt es Bitten um Vergebung – von Stoßgebeten, wenn man sich bei einem schlechten Gedanken oder Wort ertappt, bis zur ausführlichen, systematischen Selbstprüfung. Da gibt es meditative Betrachtungen der Schönheit in der Schöpfung, die Gottes Vollkommenheit widerspiegelt. Da gibt es leidenschaftliche Erklärungen der Liebe und der Sehnsucht nach Gott. Poetische Formen werden vielfach vorgesungen, auch mit Instrumentalbegleitung wie beispielsweise in der nordindischen Tradition des *Qawwali,* oder sie haben eine Rolle beim *Dhikr,* dem gemeinsamen lauten Gottgedenken in den Sufitraditionen. Dabei war es mir ein Anliegen, abgesehen von den Abschnitten aus dem Qur'an überwiegend solche Texte auszuwählen, die im deutschen Sprachraum bislang wenig bekannt sind. Bei der Anordnung habe ich mich von den Versen der einleitenden Surah al-Fâtihah leiten lassen und diese mit verschiedenen Lebensbereichen verknüpft.

Ein Wort noch zur Übersetzung: Bisweilen mussten arabische Wörter im Original belassen werden, vor allem bei Eigennamen. Um das Lesen zu erleichtern, folgt in diesen Fällen die Schreibung der Konsonanten dem Englischen und die Schreibung der Vokale dem Deutschen, wobei lange Vokale mit einem Akzent (einem Zirkumflex) gekennzeichnet sind.

Halima Krausen

سُورَةُ الفَاتِحَةِ

بِسۡمِ ٱللَّهِ ٱلرَّحۡمَٰنِ ٱلرَّحِيمِ ١
ٱلۡحَمۡدُ لِلَّهِ رَبِّ ٱلۡعَٰلَمِينَ ٢
ٱلرَّحۡمَٰنِ ٱلرَّحِيمِ ٣ مَٰلِكِ يَوۡمِ
ٱلدِّينِ ٤ إِيَّاكَ نَعۡبُدُ وَإِيَّاكَ
نَسۡتَعِينُ ٥ ٱهۡدِنَا ٱلصِّرَٰطَ
ٱلۡمُسۡتَقِيمَ ٦ صِرَٰطَ ٱلَّذِينَ
أَنۡعَمۡتَ عَلَيۡهِمۡ غَيۡرِ ٱلۡمَغۡضُوبِ
عَلَيۡهِمۡ وَلَا ٱلضَّآلِّينَ ٧

Al-Fâtiha, arabisch

Die »Eröffnende«

Das Lob gebührt Gott,
dem Schöpfer und Erhalter der Welten,
dem Erbarmer, dem Barmherzigen,
dem Meister des Gerichtstages.
Dir dienen wir,
und Dich rufen wir um Hilfe an.
Führe uns den rechten Weg, den Weg derer,
denen Du Gnade erweist,
die nicht Zorn auf sich laden
und die nicht irregehen.

Das Lob gebührt Gott

Gebete im Zusammenhang mit dem täglichen rituellen Gebet

Der Gebetsruf

Gott ist größer, Gott ist größer!
Gott ist größer, Gott ist größer!
Ich bezeuge, dass es keinen Gott gibt außer Gott.
Ich bezeuge, dass es keinen Gott gibt außer Gott.
Ich bezeuge, dass Muhammad Gottes Gesandter ist.
Ich bezeuge, dass Muhammad Gottes Gesandter ist.
Kommt zum Gebet.
Kommt zum Gebet.
Kommt zum Heil.
Kommt zum Heil.
Gott ist größer, Gott ist größer!
Es gibt keinen Gott außer Gott.

Antwort auf den Gebetsruf

Gott, Herr dieses vollkommenen Rufes und des Gebets, das bald gehalten werden soll, schenke Muhammad Deine Nähe und Deine Gunst und erhebe ihn zu jener lobenswürdigen Stufe, die Du ihm verheißen hast.
Bukhari

Bei der Gebetswaschung

Vor der Waschung:

Im Namen Gottes, des Gnädigen, des Barmherzigen.
Lob sei Gott für die Religion der Hingabe.

Beim Händewaschen:

Gott, ich bitte Dich um Erfolg und Segen,
und ich suche Schutz bei Dir vor Misserfolg und Unheil.

Beim Mundspülen:

Gott, hilf mir, Deine Schrift vorzutragen
und viel an Dich zu denken und Dir zu danken.

Beim Nasespülen:

Gott, tröste mich mit dem Duft des Paradiesgartens, wo Du Wohlgefallen an Mir hast.

Beim Waschen des Gesichts:

Gott, lass mein Gesicht leuchten an dem Tag, an dem Du die Gesichter Deiner Freunde leuchten lässt,
und lass mein Gesicht nicht finster werden an dem Tag, an dem die Gesichter Deiner Feinde finster werden.

Beim Waschen des rechten Unterarms:

Gott, gib mir die Aufzeichnung meiner Taten in die rechte Hand (um Lob auszudrücken), und mache mir die Abrechnung leicht.

Beim Waschen des linken Unterarms:

Gott, ich suche Schutz bei Dir davor, dass Du mir mein Buch in die linke Hand oder hinter meinem Rücken gibst (um Tadel auszudrücken).

Beim Streichen über den Kopf:

Gott, gewähre mir Schatten im Schatten Deines Thrones an dem Tag, an dem es keinen Schatten außer dem Schatten Deines Thrones gibt.

Beim Waschen der Ohren:

Gott, lass mich zu denen gehören, die auf das Wort (Deiner Botschaft) hören und dem Besten davon folgen.
Gott, lass mich den Ruf des Gartens hören gemeinsam mit den Guten.

Beim Waschen von Hals und Nacken:

Gott, halte meinen Nacken fern vom Feuer, und ich suche Schutz bei Dir vor Ketten und Fesseln.

Beim Waschen des rechten Fußes:

Gott, festige meine Füße auf Deinem rechten Weg.

Beim Waschen des linken Fußes:

Gott, ich suche Schutz bei Dir davor, dass meine Füße auf der Lebensbrücke ausgleiten an dem Tag, an dem die Füße der Heuchler ausgleiten.

Nach der Waschung:

Ich lege Zeugnis dafür ab, dass es keinen Gott gibt außer Gott, und ich lege Zeugnis dafür ab, dass Muhammad Gottes Gesandter ist.
Gott, lass mich zu den Umkehrenden gehören, zu den Gereinigten, und zu Deinen aufrichtigen Dienern.
Masnun Du'a'ayn

Das rituelle Gebet

Man stellt sich mit Blickrichtung nach Mekka und macht sich bewusst, um welches Gebet es sich handelt, indem man zum Beispiel sagt:

Ich habe die Absicht, nach der Gebetsrichtung gewandt den Pflichtteil dieses Morgengebets durchzuführen, der aus zwei Gebetseinheiten besteht (und zwar in dieser Gemeinschaft mit diesem Imam).

Das rituelle Gebet ist in der Regel in zwei, drei oder vier Einheiten unterteilt, die jeweils aus mehreren Elementen bestehen: aus einer stehenden Haltung, in der Abschitte aus dem Qur'an aus dem Gedächtnis rezitiert werden; einer Beugung; dem Aufrichten mit Lobpreisungen; zwei Niederwerfungen, bei denen man in kniender Haltung mit der Stirn den Boden berührt; es folgt nach zwei Gebetseinheiten beziehungsweise am Ende des Gebets eine Phase des Sitzens, in der man, sozusagen als Gast in Gottes Gegenwart, Grußworte und Fürbitten spricht. Zur Einleitung hebt man die Hände und sagt:

Allâhu akbar – Gott ist größer!

Überlieferte einleitende Gebete:

Verherrlicht bist Du, Gott, und Dir sei Lob, und voller Segen ist Dein Name, und erhaben ist Deine Herrlichkeit, und es gibt keinen Gott außer Dir.

Ich habe mein Angesicht dem zugewandt, der Himmel und Erde erschaffen hat, und ich gehöre nicht zu den Götzendienern. Mein Gebet und mein Opfer und mein Leben und mein Sterben gehören Gott, dem Schöpfer und Erhalter der Welten, der niemanden neben sich hat. Dies wurde mir aufgetragen, und ich bin als Erstes Gott ergeben.

Beispiele für häufig beim Stehen im Gebet rezitierte Abschnitte aus dem Qur'an (außer Al-Fâtiha, der ersten Surah):

Sprich: Er ist Gott, der Eine, Gott, der Unabhängige Grund des Seins. Er zeugt nicht und wurde nicht gezeugt, und keiner ist Ihm gleich.

Surah 112

Gott – es gibt keinen Gott außer Ihm, dem Lebendigen, dem Seienden. Ihn erfasst weder Schlummer noch Schlaf. Ihm gehört, was in den Himmeln und was auf Erden ist. Wer ist es, der bei Ihm Fürsprache einlegen könnte, es sei denn mit seiner Erlaubnis? Er weiß, was vor ihnen und was hinter ihnen liegt, und sie begreifen nichts von Seinem Wissen als das, was Ihm gefällt. Sein Thron umfasst Himmel und Erde, und es beschwert Ihn nicht, beide zu erhalten, und Er ist der Hohe, der Große.

Surah 2:255 – der Thronvers

Er ist Gott, außer dem es keinen Gott gibt, der das Verborgene und das Sichtbare kennt. Er ist der Gnädige, der Barmherzige. Er ist Gott, außer dem es keinen Gott gibt, der König, der Heilige, der Friede, der Treue, der Beschützer, der Mächtige Freund, der Einrenkende, der Majestätische. Preis sei Gott über alles, was man Ihm zur Seite stellt. Er ist Gott, der Schöpfer, der Bildner, der Gestalter. Sein sind die schönsten Namen. Ihn verherrlicht, was in den Himmeln und auf Erden ist, und Er ist der Mächtige Freund, der Weise.

Surah 59:22–24

Bei der flüchtigen Zeit: der Mensch ist im Verlust – außer denen, die Glauben und Gutes tun und einander zur Wahrheit anregen und einander zur Geduld anregen.

Surah 103

Beim hellen Morgenlicht, und bei der Nacht, wenn sie am tiefsten ist: Dein Herr hat dich nicht verlassen, noch ist er böse, und das Zukünftige ist besser als das Frühere, und dein Herr wird dir geben, und du wirst zufrieden sein. Fand Er dich nicht als Waise und nahm dich auf? Fand Er dich nicht herumirrend und leitete dich? Fand Er dich nicht arm und machte dich reich? Also unterdrücke nicht die Waise und beschimpfe nicht den Bittenden, und erzähle von der Gunst deines Herrn!

Surah 93

Haben Wir dir nicht die Brust geweitet und dir deine Last abgenommen, die dir den Rücken niederdrückte, und haben Wir nicht dafür gesorgt, dass du einen guten Ruf hast? So kommt mit dem Schweren das Leichte. Mit dem Schweren kommt das Leichte. Wenn du also frei bist, dann bemühe dich (um Gutes) und widme dich deinem Schöpfer und Erhalter.

Surah 94

Gott ist das Licht der Himmel und der Erde. Das Gleichnis Seines Lichts ist wie eine Nische mit einer Lampe darin. Die Lampe ist in einem Glas. Das Glas ist wie ein glitzernder Stern. Sie ist angezündet von einem gesegneten Ölbaum, weder vom Osten noch vom Westen, dessen Öl beinahe leuchten würde, auch wenn kein Feuer es berührte. Licht über Licht! Gott führt zu Seinem Licht, wen Er auswählt. Und Gott prägt Gleichnisse für die Menschen, und Gott kennt alle Dinge wohl.

Surah 24:35 – der Lichtvers

Der Wettkampf um Mehrung hält euch gefangen, bis ihr die Gräber erreicht. Doch nein, ihr werdet es erfahren! Nochmals nein, ihr werdet es erfahren! Wenn ihr es doch mit sicherer Gewissheit wüsstet, ihr würdet die Hölle um euch herum wahrnehmen. Dann werdet ihr sie mit dem Auge der Gewissheit sehen. Dann, an jenem Tage, werdet ihr nach dem Glück gefragt.

Surah 102

Der Erbarmer – Er hat den Qur'an gelehrt; Er hat den Menschen erschaffen; Er hat ihn klares Denken und Reden gelehrt. Sonne und Mond laufen dem Maß entsprechend (ihre Bahn), und die Gräser und Bäume verneigen sich (vor Ihm). Den Himmel hat Er gewölbt und das Maß festgesetzt, dass ihr das Maß nicht überschreitet. Erfüllt also das Maß nach Gerechtigkeit und kürzt das Maß nicht. Und Er hat die Erde für die Geschöpfe ausgebreitet: darauf gibt es Früchte und Palmen mit Büscheln von Datteln und Getreide in Ähren und duftende Blumen und Kräuter. Welche der Wohltaten eures Herrn wollt ihr da leugnen? Er hat den Menschen aus trockenem, tönendem Lehm erschaffen wie ein Gefäß, und die verborgenen Wesen hat Er aus der Flamme des Feuers erschaffen. Welche der Wohltaten eures Herrn wollt ihr da leugnen? Der Herr der beiden Osten und der Herr der beiden Westen. Welche der Wohltaten eures Herrn wollt ihr da leugnen? Er hat die beiden Meere fließen lassen, die einst einander begegnen; zwischen ihnen ist eine Barriere, dass sie sich nicht vermischen. Welche der Wohltaten eures Herrn wollt ihr da leugnen? Aus beiden kommen Perlen und Korallen. Welche der Wohltaten eures Herrn wollt ihr da leugnen? Sein sind auch die berggleichen, hochragenden Schiffe auf dem Meer. Welche der Wohltaten eures Herrn wollt ihr da leugnen? Alles, was auf Erden ist, vergeht, doch es bleibt das Angesicht deines Herrn – des Herrn der Majestät und Gnade.

Surah 55:1–27

Das ist die Schrift, in der kein Zweifel ist – eine Leitung für die Achtsamen, die an das Verborgene glauben und das Gebet verwirklichen und von dem spenden, womit Wir sie versorgt haben, und die an das glauben, was zu dir niedergesandt wurde, und an das, was vor dir niedergesandt wurde, und sich des zukünftigen Lebens gewiss sind. Sie folgen der Führung ihres Schöpfers und Erhalters, und sie sind erfolgreich.

Surah 2:1–5

Güte besteht nicht darin, dass ihr euer Gesicht nach Osten oder Westen wendet, sondern gut ist jemand, der an Gott glaubt und an den Jüngsten Tag und an die Engel und an die Schrift und an die Propheten, und der aus Liebe zu Ihm von seinem Vermögen spendet, für die Angehörigen und für die Waisen und Armen und für den Fremden und für die

Bittenden und für den Freikauf von Gefangenen, und der das Gebet verwirklicht und die Armenabgabe leistet, sowie diejenigen, die ihren Bund halten, wenn sie einen geschlossen haben, und die in Not, Leiden und Zeiten der Angst Geduldigen. Sie sind die Wahrhaftigen, und sie sind diejenigen, die sich der Gegenwart Gottes bewusst sind.
Surah 2:177

In manche Gebete wird im Stehen ein Bittgebet (Qunût) eingefügt, das frei formuliert sein oder traditionellen Mustern entsprechen kann wie die folgenden Beispiele:

Gott, wir bitten Dich um Hilfe und Vergebung, wir glauben an Dich und vertrauen auf Dich,

wir rühmen das Gute, das von Dir kommt, und danken Dir und sind Dir nicht undankbar; wir lassen den, der sich gegen Dich wendet, und folgen ihm nicht.

Gott, Dir dienen wir, zu Dir beten wir, vor Dir werfen wir uns nieder; zu Dir wenden wir uns eilend und hoffen auf Deine Barmherzigkeit und fürchten Deine Strafe – Deine Strafe ereilt doch diejenigen, die Dich verleugnen.
Aus der hanafitischen Tradition

Gott, leite mich mit denen, die Du leitest; bewahre mich mit denen, die Du bewahrst; sei mir nahe mit denen, denen Du nahe bist; segne mich in dem, was Du mir gegeben hast, und schütze mich vor dem Übel dessen, was Du beschlossen hast. Denn Du bestimmst, aber wirst nicht bestimmt. Der, dessen Beschützer Du bist, wird nicht erniedrigt, und wer Dich zum Feind hat, erlangt keine Ehre. Du bist segensreich und erhaben, darum gebührt Dir das Lob für das, was Du beschließt.

Ich bitte Dich um Vergebung, Gott, und kehre zu Dir um.

Gott segne unseren Meister Muhammad und seine Angehörigen und Gefährten und schenke ihnen Frieden.

Unser Schöpfer und Erhalter, vergib uns und erbarme Dich unser; Du bist doch der beste Erbarmer.

Aus der shafi'itischen Tradition

In der Beugung:

Verherrlicht ist mein Herr, der Große, und Ihm gebührt das Lob.

Gott, vor Dir beuge ich mich, auf Dich vertraue ich, und Dir gebe ich mich hin. Mein Hören, mein Sehen, mein Denken, meine Knochen und meine Sehnen sind demütig vor Dir.

Muslim

Beim Aufrichten:

Gott hört den, der Ihn lobt.

Unser Schöpfer und Erhalter, Dir sei Lob!

Gott, Dir gebührt das Lob in allen Himmeln und auf Erden und in allem, was dazwischen liegt, und in allem, was Du später noch erschaffen wirst.

Muslim

Gott, unser Schöpfer und Erhalter! Himmel und Erde sind voll von Deinem Lob und voll von dem, was Dir außerdem gefällt. Du bist aller Verherrlichung würdig, und wahr ist alles, was Deine Diener zu Deinem Lob sagen. Dir dienen wir. Gott, niemand kann vorenthalten, was Du gibst, und niemand kann geben, was Du vorenthalten willst. Die Größe eines großen Menschen kann ihm nichts nützen gegen Dich. Unser Schöpfer und Erhalter, reichliches, vorzügliches, segensreiches Lob sei Dir!

Muslim

In den beiden Niederwerfungen:

Verherrlicht ist mein Herr, der Höchste, und Ihm gebührt das Lob.

Gott, vor Dir werfe ich mich nieder, und auf Dich vertraue ich, und Dir gebe ich mich hin. Mein Angesicht ist niedergeworfen vor Ihm, der es erschaffen und gestaltet hat und sein Hören und Sehen hervorgebracht hat. Segensreich ist Gott, der beste Schöpfer.

Muslim

Im Sitzen zwischen den Niederwerfungen:

Ich bitte Gott um Vergebung, und zu Ihm kehre ich um.

Man steht dann wieder auf zur nächsten Gebetseinheit, die ebenso verläuft mit Stehen, Beugung, Aufrichten und zwei Niederwerfungen, oder man bleibt zum Abschluss in respektvoller Haltung sitzen.

Im Sitzen und zum Abschluss des Gebets:

Auf Gott sind alle ehrfürchtigen Grüße und alle Gebete und guten Handlungen ausgerichtet.
Friede sei mit dir, Prophet, und Gottes Barmherzigkeit und Sein Segen.
Friede sei mit uns und mit allen rechtschaffenen Gottesdienern.
Ich bezeuge, dass es keinen Gott gibt außer Gott, und ich bezeuge, dass Muhammad Gottes Diener und Gesandter ist.
Gott, schenke Muhammad und den Seinen Heil, so wie Du Abraham und den Seinen Heil geschenkt hast. Gott, segne Muhammad und die Seinen, so wie Du Abraham und die Seinen gesegnet hast. Du bist der Gelobte, der Gerühmte.

Manchmal fügte der Prophet Folgendes ein:

Gott, vergib mir meine früheren und meine späteren Fehltritte, meine öffentlichen und meine heimlichen Fehltritte, meine Versäumnisse und alles, was Du besser kennst als ich. Du kannst (die Folgen) beschleunigen und verzögern. Es gibt keinen Gott außer Dir.

Böses erreicht Dich nicht, und der, den du leitest, ist auf dem rechten Weg. Es gibt keinen Unterschlupf vor Dir und keine Zuflucht außer der Zuflucht zu Dir. Segensreich bist Du.

Das Gebet wird dann mit dem Friedensgruß nach rechts und links beendet.

Abschließende Meditation

Im Anschluss an das rituelle Gebet bleibt man oft noch sitzen und spricht Lobpreisungen Gottes. Am häufigsten ist das »Gottgedenken der Prophetentochter Fatima«:

33 mal *Subhân Allâh – Verherrlicht ist Gott* (eine Erinnerung an alle Wunder in Gottes Schöpfung, die immer wieder Erstaunen und Ehrfurcht auslösen)

33 mal *al-hamdu lillâh – Lob sei Gott* (dabei kann man sich an alles das erinnern, was man bekommen hat und wofür man Gott dankbar sein kann)

33 mal *Allâhu akbar – Gott ist größer* (dabei kann man darüber meditieren, dass Gott größer ist als alles, was uns Angst und Sorge bereitet und uns bei dessen Bewältigung hilft)

Vom Propheten wird überliefert, dass er auch sagte:

Es gibt keinen Gott außer Gott, dem Einzigen, der niemanden neben sich hat. Sein ist die Herrschaft, und Ihm gebührt alles Lob; in Seiner Hand ist das Gute, und Er hat Macht über alle Dinge.

Ahmad, Tirmidhi

Dem rituellen Gebet kann auch eine Abfolge von persönlichen Bitten und allgemeinen Fürbitten (durchaus in jeder beliebigen Sprache), Lobpreisungen, Rezitation von Abschnitten aus dem Qur'an und Anrufungen folgen, die oft in einzelnen Gemeinden oder auch in den Sufi-Gemeinschaften überliefert werden. Ein häufiges Beispiel hierzu ist das folgende »Friedensgebet«:

Friedensgebet

Gott, Du bist der Friede selbst. Von Dir kommt Friede, und zu Dir führt der Friede zurück. Belebe uns also, Gott, mit Deinem Frieden, und führe uns zur Stätte Deines Friedens. Segensreich bist Du, Eigner von Majestät und Gnade.

Dem Schöpfer und Erhalter der Welten

Mit Gebeten durch den Tag,
durch das Jahr, durch das Leben

Tageszeiten

Am Morgen

Lob sei Gott, der uns wiederbelebt hat, nachdem Er uns hatte sterben lassen, und zu Ihm ist die letztendliche Heimkehr.
Buhari, Muslim

Wir erleben den Morgen gemeinsam mit Gottes Schöpfung. Gott steht das Lob zu und die Erhabenheit und die Herrlichkeit. Schöpfung und Herrschaft, Nacht und Tag und alles, was zwischen den beiden liegt, gehört Gott. Gott, lass den ersten Teil des Tages von Rechtschaffenheit geprägt sein, den mittleren Teil von Erfolg, und den letzten Teil von Heil. Du bist doch der Allbarmherzige!
An-Nawawi

Wir erleben den Morgen, unserer Natur entsprechend als gottergebene Menschen, mit Worten der Aufrichtigkeit gegenüber dem Einen Gott, und in der Lebensweise unseres Propheten Muhammad, mit dem Friede sein möge, nach der Haltung unseres Abraham, des Aufrechten, der nicht zu den Götzendienern gehörte.
Ahmad

Gott, ich erlebe diesen neuen Morgen. Ich rufe Dich als Zeugen an, und ich rufe Deine Engel, die Träger Deines Throns und die ganze Schöpfung als Zeugen dafür an, dass ich Zeugnis ablege, dass Du Gott bist, außer dem es keinen Gott gibt, der Einzige, der niemanden neben sich hat, und dass Muhammad Sein Diener und Gesandter ist.

Abu Dawud, Tirmidhi

Am Mittag

Es gibt keinen Gott außer Gott, dem mächtigen Freund, dem Langmütigen. Es gibt keinen Gott außer Gott, dem Herrn des Thrones der Großmut. Lob sei Gott, dem Schöpfer und Erhalter der Welten.

Gott, ich bitte Dich darum, dass Du mir Deine Barmherzigkeit schenkst, mir Deine Vergebung zuteilwerden lässt und mir Genüge gibst gegen alles Übel und Sicherheit vor allen Fehltritten.

Gott, lass mir nicht eine Sünde, ohne sie mir zu vergeben, keine Sorge, ohne sie zu vertreiben, keine Krankheit, ohne sie zu heilen, keine Schwäche, ohne sie zu bedecken, keinen Lebensunterhalt, ohne ihn zu erweitern, keine Angst, ohne mir Sicherheit davor zu geben, kein Übel, ohne dass Du es von mir abwendest, kein Verlangen nach Deinem Wohlgefallen und Heil, ohne dass Du es erfüllst, allbarmherziger Schöpfer und Erhalter der Welten.

Al-Muntakhab al-Hasani

Am Nachmittag

Ich bitte Gott um Vergebung, außer dem es keinen Gott gibt, dem Lebendigen, dem Beständigen, dem Erbarmer, dem Barmherzigen, dem Eigner von Majestät und Gnade, und ich bitte Ihn darum, dass Er mir, einem geringen, demütigen, bedürftigen, armen Diener Umkehr ermöglicht, der für sich selbst weder im Leben noch im Tod Nutzen oder Schaden bewerkstelligen kann.

Gott, ich suche Schutz bei Dir vor einem Selbst, das unersättlich ist, vor einem Herzen, das keine Ehrfurcht hat, vor Wissen, das keinen Nutzen hat, vor einem Gebet, das nicht zu Dir emporsteigt, und vor einer Bitte, die nicht erhört wird.

Gott, ich bitte Dich um Erleichterung nach den Schwierigkeiten, um Trost nach den Sorgen und um Hoffnung nach der Heimsuchung.

Gott, schenke mir Gnade von Dir. Es gibt keinen Gott außer Dir. Dich bitte ich um Vergebung, und zu Dir kehre ich um.

Al-Muntakhab al-Hasani

Am Abend

Wir erleben den Abend, und ebenso die Schöpfung Gottes, des Herrn der Welten. Gott, ich bitte Dich um das Gute dieser Nacht, ihre Möglichkeiten und ihre Hilfe und ihr Licht und ihren Segen und ihre Rechtleitung, und ich suche Schutz bei Dir vor allem Übel, das es darin geben mag, und vor allem Übel, das danach kommen mag.

Abu Dawud

Wir erleben den Abend, und ebenso die Schöpfung Gottes. Gott gebührt alles Lob. Es gibt keinen Gott außer Gott, dem Einzigen, der niemanden neben sich hat. Sein ist die Herrschaft, und Sein ist das Lob, und Er hat Macht über alle Dinge. Gott, ich bitte Dich um das Gute in dieser Nacht und das Gute, das danach kommt, und ich suche Schutz bei Dir vor allem Übel dieser Nacht und dem Übel, das danach kommen mag. Mein Schöpfer und Erhalter, ich suche Schutz bei Dir vor Trägheit und vor dem Übel des Alters und vor Unglauben. Mein Schöpfer und Erhalter, ich suche Schutz bei Dir vor dem Leid des Feuers und dem Leid des Grabes.

Abu Dawud, Tirmidhi

Gott, ich bitte Dich um Muhammads und der Seinen willen, dass Du Muhammad und die Seinen segnest, und ich bitte Dich um Licht zur Einsicht, um die Religion der Gewissheit in meinem Herzen, um Aufrichtigkeit in meinen Handlungen, um Zufriedenheit in meiner Seele, um Glück mit meinem Lebensunterhalt, und dass Du mich dankbar werden lässt für alles, womit Du mich versorgst.

Lob sei Gott, der die Nacht in den Tag übergehen lässt und der den Tag in die Nacht übergehen lässt. Lob sei Gott jedes Mal, wenn die Nacht anbricht und dunkelt. Lob sei Gott jedes Mal, wenn die Sterne aufgehen und untergehen.

Al-Muntakhab al-Hasani

Zur Nacht

Gott, Herr von Gabriel, Michael und Israfil, Schöpfer der Himmel und der Erde, der Du das Verborgene und das

Sichtbare kennst! Du entscheidest zwischen Deinen Dienern in dem, worin sie uneinig sind. Leite mich mit Deiner Zustimmung zur Wahrheit der Sache, in der Uneinigkeit besteht. Du leitest den, den Du würdig findest, auf den rechten Weg.
Muslim

Gott, dies ist die Stunde, in der Deine Nacht anbricht und in der Dein Tag dahinschwindet, und in der die Stimmen mit den Gebeten zu Dir zu hören sind. Vergib mir also.
Abu Dawud, Baihaqi

Beim Schlafengehen

Gott, in Deinem Namen sterbe ich und lebe ich.
Bukhari, Muslim

Gott, Dir ergebe ich meine Seele, Dir wende ich mein Angesicht zu, und Dir vertraue ich meine Angelegenheiten an. In Deinen Schutz ziehe ich mich zurück, in Hoffnung auf Dich und in Ehrfurcht vor Dir. Es gibt weder Schutz noch Schirm vor Dir außer bei Dir. Ich glaube an Deine Schrift, die Du offenbart hast, und an Deinen Propheten, den Du geschickt hast.
Bukhari, Muslim

Lob sei Gott, der uns zu essen und zu trinken gegeben hat und der uns ein Dach über dem Kopf zum Schutz gegeben hat. Wie viele gibt es doch, die keinen Versorger und keinen Beschützer haben!
Muslim

Beim Aufwachen in der Nacht

Es gibt keinen Gott außer Gott, dem Einzigen, der keinen Partner hat. Ihm gehört die Herrschaft, und Ihm gebührt das Lob, und Er hat Macht über alle Dinge. Verherrlicht ist Gott, und Lob sei Gott. Es gibt keinen Gott außer Gott. Gott ist größer. Mein Schöpfer und Erhalter, vergib mir.

Bukhari

Es gibt keinen Gott außer Dir. Du bist verherrlicht, Gott, mit meinem Lob. Ich bitte Dich um Vergebung für meine Fehltritte und strebe nach Deiner Barmherzigkeit. Gott, lass mich an Wissen zunehmen, und lass mein Herz nicht wanken, nachdem Du mich geleitet hast, und schenke mir Barmherzigkeit aus Deiner Gegenwart. Du bist doch der Schenkende.

Abu Dawud

Durch die Woche

Ali b. Al-Husayn Zayn al-'Âbidîns Gebete für die sieben Tage der Woche

Sonntag

Im Namen Gottes, auf dessen Barmherzigkeit allein ich hoffe, außer dessen Gerechtigkeit ich nichts fürchte, außer dessen Wort ich auf nichts vertraue, außer dessen Leitung ich an nichts festhalte.

Dich bitte ich um Schutz, Herr der Macht und Vergebung, vor Tyrannei und Unterdrückung, vor den Veränderungen der Zeit, vor Trauer und Sorgen und vor einem plötzlichen, unvorbereiteten Lebensende.

Dich bitte ich um Leitung, nach Ordnung und Frieden zu streben und Besserung zu bewirken. Dich bitte ich um Hilfe, Erfolg und Zufriedenheit zu erlangen. Dich bitte ich um Sicherheit und Zuversicht auf dauerhaften Frieden.

Deinen Schutz suche ich, Herr, vor den Impulsen des Bösen, und ich bitte Dich um die Kraft, mich vor der Tyrannei der Herrscher zu bewahren.

Darum nimm alle meine Gebete und mein Fasten an, und lass das, was morgen und später kommt, besser werden als meinen heutigen Tag und diese Stunde, und gib mir Respekt unter meinen Verwandten und in meiner Gemeinschaft, und schütze mein Wandeln und meinen Schlaf. Du bist doch Gott, der beste Beschützer, der Allbarmherzige.

Herr, heute und an jedem Ersten Tag (Sonntag), der folgt, sage ich mich in Deiner Gegenwart los von Götzendienst und Aberglauben, und ich bitte Dich aufrichtig um Deine Gnade und widme mich dem Gehorsam Dir gegenüber in der Hoffnung auf Deinen Lohn.

Segne Muhammad, Deinen hervorragenden Diener, den Verkünder Deiner Wahrheit, und ehre mich mit Deiner Gnade, die nicht begrenzt ist, und wache über mir mit Deinem Auge, das nicht schläft, und lass mich nicht auf andere als Dich angewiesen sein, und lass mich auf Dich allein vertrauen, und schenke mir am Ende meines Lebens Vergebung. Du bist doch der Vergebende, der Barmherzige.

Im Namen Gottes, des Erbarmers, des Barmherzigen. Lob sei Gott, der niemanden als Zeugen einlud, als Er Himmel und Erde erschuf, und der niemanden zu Hilfe nahm, als er die Seelen bildete. Er hat keinen Partner in Seiner Göttlichkeit, und niemand steht Ihm zur Seite in Seiner Einheit. Zungen können ihn nicht ausreichend lobpreisen. Der Verstand kann Sein Wesen nicht erfassen. Die Mächtigen demütigen sich vor Seiner Majestät, die Gesichter gesenkt in Furcht vor Ihm, und alle Großen ordnen sich Seiner Herrlichkeit unter. Dir gebührt darum alles Lob, beständig und ununterbrochen. Möge Seine Gnade und beständiger Friede immer auf Seinem Gesandten ruhen.

Herr, lass den Anfang dieses Tages Streben nach Besserem sein, seine Mitte Heil und sein Ende Erfolg. Auch suche ich Schutz bei Dir vor einem Tag, der mit Angst beginnt, dessen Mitte Kummer bringt und der mit Schmerz endet.

Gott, ich bitte Dich um Vergebung für jedes Gelübde, das ich Dir gegenüber abgelegt habe, für jedes Versprechen, das ich Dir gegeben habe, und jedes Bündnis, das ich mit Dir eingegangen bin, das ich dann aber nicht gehalten habe.

Ich rufe Dich an wegen jeglichen Unrechts, das ich unwissentlich einem Deiner Geschöpfe zugefügt haben mag. Wenn also irgendjemand von Deinen Dienerinnen oder Dienern durch mich ein Unrecht erlitten hat, den ich seiner Person oder seinem Ruf oder seinem Eigentum oder seinen Angehörigen zugefügt haben mag, durch üble Nachrede, die ich gegen ihn geführt habe, oder durch irgendetwas, durch das ich ihn aufgrund von Begehrlichkeit, Leidenschaft, Gewalt, Eifersucht, Heuchelei oder Vorurteil belastet habe, in Anwesenheit oder Abwesenheit, zu Lebzeiten oder nach dem Tode, und danach mein Vermögen zu schwach wurde, um eine Wiedergutmachung zu leisten und seine Vergebung zu erlangen – dann bitte ich Dich, Herr der Bitten, mir zu vergeben und diejenigen, die unter meinem Handeln gelitten haben, mit Gutem zu entschädigen, durch welchen Weg auch immer, den Du findest, und mir Barmherzigkeit zu erweisen. Vergebung verursacht Dir doch keinen Verlust, und Gnade bringt Dir keinen Schaden, Allbarmherziger. Segne auch Muhammad und die Seinen.

Herr, gewähre mir an jedem Zweiten Tag (Montag) zwei Gaben von Dir: am Anfang des Tages die Vernunft, Dir zu gehorchen, und am Ende des Tages Deinen Segen und Deine Vergebung.

Dienstag

Im Namen Gottes, des Erbarmers, des Barmherzigen. Lob sei Gott, und Lob steht Ihm zu, wie es Ihm angemessen ist – reichliches Lob! Ich suche Schutz bei Ihm vor dem Bösen in mir selbst, denn das Ich reizt zum Bösen, es sei denn, Gott erbarmt sich darüber; und ich suche Schutz vor dem Übel des Bösen, das Sünde zu Sünde hinzufügt. Bei Gott berge ich mich auch vor jedem boshaften Tyrannen, jedem ungerechten Herrscher und jedem übermächtigen Feind.

Gott, lass mich zu Deiner Schar gehören, denn Deine Schar überwindet die Schwierigkeiten; und lass mich für Dich Partei ergreifen, denn wer für Dich einsteht, ist erfolgreich; und lass mich zu Deinen Freunden gehören, denn über Deine Freunde kommt weder Furcht noch Trauer.

Gott, stärke meinen Glauben, denn er ist der Anker für

meine Angelegenheiten; und mache mir das zukünftige Leben leicht, denn es ist mein Ruheplatz, an den ich mich dereinst vor den Machenschaften der Bösen zurückziehe; und lass mein Leben mit allem Guten geschmückt sein und eine Reise hinweg von allem Bösen.

Gott, segne Muhammad, das Siegel der Propheten, der die Zahl der Gesandten vervollständigt, und seine Angehörigen, die Guten, die Reinen, und seine erwählten Gefährten, und schenke mir an diesem Dritten Tag (Dienstag) drei Dinge: Lass keinen Fehltritt, der nicht vergeben wird, keine Sorge, die nicht beseitigt wird, und keinen Feind, den Du nicht abwehrst.

Im Namen Gottes, dem besten der Namen, im Namen Gottes, des Meisters der Erde und aller Himmel, vertreibe ich alles Übel, vor allem Seine Unzufriedenheit, und in Seinem heiligen Namen strebe ich nach allem Guten, vor allem nach Seinem Wohlgefallen. Lass meine Angelegenheit also mit Deiner Vergebung enden, Herr der Güte.

Mittwoch

Im Namen Gottes, des Erbarmers, des Barmherzigen. Lob sei Gott, der die Nacht zu einem Mantel gemacht hat und den Tag hell zum Sehen. Lob sei Dir darum, dass Du mich vom Schlaf erweckt hast, denn hättest Du es so beschlossen, dann hättest Du ihn immerwährend machen können – ein ununterbrochenes, immerwährendes Lob gebührt Dir also, das die gesamte Schöpfung nicht würde aufzählen können.

Gott, Dir sei Lob, denn Du hast erschaffen und ausgewogen verteilt, zugemessen und bestimmt; Du lässt sterben und belebst; Du lässt krank werden und heilst; Du gibst

Sicherheit und schickst Prüfungen. Du sitzt auf dem Thron Deiner Herrschaft.

Ich rufe Dich an als jemand, um dessen Angelegenheit es schwach steht, dessen Mittel versiegt sind, dessen Hoffnung hingeschwunden ist, dessen Bedürfnis nach Barmherzigkeit dringlich geworden ist, dessen Bedauern für seine Fehltritte stark ist, dessen Irrtümer und Fehler zahlreich geworden sind, und dessen Umkehr zu Dir aufrichtig ist.

Segne also Muhammad, das Siegel der Gesandten, und die reinen Angehörigen seines Hauses, und schenke mir die Gnade, stets in seiner Nähe zu bleiben. Du bist doch der Allbarmherzige.

Herr, schenke mir an diesem Vierten Tag (Mittwoch) vier Dinge: Beschäftige meine Kräfte in Deinem Dienst; lass meine Freude in Deiner Verehrung liegen; schenke mir die Sehnsucht nach Deinem Lohn; lass mich von allem Abstand halten, was Deinen Tadel verdient. Du bist freundlich zu dem, den Du auswählst.

Donnerstag

Im Namen Gottes, des Erbarmers, des Barmherzigen. Lob sei Gott, der durch Seine Macht die Dunkelheit der Nacht vertrieben und in Seiner Barmherzigkeit den hellen Tag hat anbrechen lassen und der mich mit Seinem Licht bekleidet und mir Seinen Segen geschenkt hat.

Darum, mein Gott, weil Du mich bis zu diesem Tag am Leben erhalten hast, bewahre mich auch für ähnliche andere Tage. Segne Muhammad und die Seinen und strafe mich nicht dafür, dass ich verbotene Dinge getan und Fehltritte begangen habe. Schenke mir die Vorzüge dieses Tages und die Vorzüge der nächsten Tage, und halte mich fern von dem Übel dieses Tages und dem Übel der nächsten Tage.

Herr, ich suche Deine Nähe durch die Gnade der Hingabe; und ich vertraue auf Dich durch die Würde des Qur'an; und ich wünsche mir den Zuspruch Muhammads, des Erwählten – möge Gottes Segen auf ihm und den Seinen ruhen! Nimm also das Bekenntnis meines Glaubens an, mein Gott, durch das ich auf das Heil hoffe, Allbarmherziger!

Herr, schenke mir an diesen Fünften Tag (Donnerstag) fünf Dinge, die niemand geben kann außer Dir: Aufrichtigkeit, die mir die Kraft gibt, Dir zu dienen; Dienstbereitschaft, durch die ich Deinen reichlichen Lohn erlangen kann; Wohlergehen durch einen rechtmäßigen Erwerb; Schutz bei Dir vor Angst und Gefahr; Sicherheit vor Trauer und Sorgen.

Segne Muhammad und Muhammads Angehörige, und lass meine Treue ihnen gegenüber ein Argument für mich sein am Tag der Auferstehung. Du bist doch der Allbarmherzige.

Freitag

Im Namen Gottes, des Erbarmers, des Barmherzigen. Lob sei Gott, der da war, bevor irgendetwas ins Dasein kam und bevor Leben gegeben wurde, und der fortbesteht, wenn alle Dinge vergangen sind, dem Wissenden, der nicht den vergisst, der Seiner gedenkt; der nicht den erniedrigt, der Ihm dankbar ist; der nicht den enttäuscht, der Ihn anruft; der nicht den verzweifeln lässt, der auf Ihn hofft.

Herr, ich rufe Dich als Zeugen an – und Du genügst als Zeuge –, und ich rufe alle Engel herbei und die Bewohner Deiner Himmel und die Träger Deines Throns und Deine Propheten und Gesandten, denen Du Deine Aufgabe anvertraut hast, und alle die vielfältigen Geschöpfe, die Du hervorgebracht hast, als Zeugen dafür, dass ich Zeugnis dafür ablege, dass Du allein Gott bist. Es gibt keinen Gott außer Dir. Du bist einzig und hast keinen Gefährten und keinen, der Dir gleicht, und Dein Wort ist wahr, jetzt und immer.

Ich lege auch Zeugnis dafür ab, dass Muhammad Dein Diener und Gesandter ist – möge Dein Segen auf ihm und den Seinen ruhen. Er hat Deinen Dienern die Botschaft überbracht, die Du ihm anvertraut hast, und sich für die Sache Gottes, des Erhabenen, mit großem Eifer bemüht, und er hat den Rechtschaffenen die Verheißung Deines Lohns verkündet und die Bösen vor den Folgen ihres Verhaltens gewarnt.

Gott, festige mich in Deiner Religion, solange Du mir Leben gewährst. Lass mein Herz nicht abschweifen, nachdem Du mich geleitet hast. Schenke mir Barmherzigkeit von Dir, denn Du bist der Schenkende.

Segne Muhammad und die Seinen; zähle mich zu seinen treuen Nachfolgern und Anhängern; lass mich zusammen mit den Rechtschaffenen auferstehen; schenke mir die Gnade, regelmäßig am Freitagsgottesdienst teilzunehmen und am Tag der Abrechnung den Segen zu erlangen, den die Gehorsamen erhalten. Du bist doch der mächtige Freund, der Weise.

Im Namen Gottes, des Erbarmers, des Barmherzigen. Im Namen Gottes – das ist das Wort derer, die Schutz suchen, und die Rede derer, die Zuflucht nehmen. Ich suche Schutz bei Gott, dem Erhabenen, vor der Gewalt der Tyrannen, vor den Machenschaften der Neidischen und vor den Übergriffen der Ungerechten, und ich lobe Gott über das Lob aller hinaus, die Gott loben.

Herr, Du bist der Eine, der keinen Gefährten hat, und der König, dem niemand die Macht übertragen hat. Dein Gebot ist unwidersprochen, und Deine Herrschaft ist unumstritten.

Ich bitte Dich, dass Du Deinem Diener und Gesandten Heil schenkst und dass Du mir solche Dankbarkeit für Deine Gnade eingibst, die mich Deines Wohlgefallens würdig werden lässt. Hilf mir in Deiner liebevollen Fürsorge, Dir zu gehorchen und aufrichtig zu dienen und Deinen Lohn zu verdienen.

Halte mich durch Deine Gnade von Handlungen des Ungehorsams gegen Dich fern, solange Du mich leben lässt, und schenke mir die Gnade, alles zu tun, was letztendlich gut für mich ist, solange Du mich bewahrst. Erleuchte meinen Geist durch Deine Schrift; nimm damit, dass ich sie lese, die Last der Sünde von mir ab. Schenke mir Gnade, indem Du meinen Glauben und mein Leben bewahrst, und schenke mir weiterhin Deine Güte für den Rest meines Lebens, wie Du es in der Vergangenheit getan hast, Allbarmherziger!

Anrufung, die in einigen Traditionen auf das Freitagsgebet folgt

Es gibt keinen Gott außer Gott, Einem Gott, und Ihm geben wir uns hin.

Es gibt keinen Gott außer Gott, und wir verehren niemand anderes, indem wir aufrichtig unsere Lebensweise nach Ihm ausrichten, auch wenn es den Götzendienern missfällt.

Es gibt keinen Gott außer Gott, unserem Erhalter und dem Erhalter unserer Vorfahren.

Es gibt keinen Gott außer Gott, dem Einen, dem Einen, dem Einen! Er erfüllt Seine Verheißung; Er unterstützt Seinen Diener; Er würdigt Seine Schar und zerstreut diejenigen, die sich gegen Ihn verbünden. Sein ist die Herrschaft, und Ihm gebührt das Lob. Er gibt Leben und lässt sterben und lässt sterben und belebt, und Er ist lebendig und stirbt nie; in Seiner Hand ist alles Gute, und Er hat Macht über alle Dinge.

Jahreszeiten

Gebet von Muhammad ar-Ridâ für das neue Jahr

Gott, Du bist Gott seit unvordenklichen Zeiten, und dies ist ein neues Jahr. Ich bitte Dich daher um Schutz vor allem Übel in diesem Jahr und um Kraft gegen mein Ich, das zu schlechten Handlungen anregt, und um eine Beschäftigung, die mich Dir näherbringt, Großmütiger, Eigner von Majestät und Gnade, Stütze, die keine Stütze braucht, Erhalter, der keinen Erhalter braucht, Zuflucht, die keine Zuflucht braucht, Helfer, der keine Hilfe braucht, Sachwalter, der keinen Sachwalter braucht, Schatz, der keine Schätze braucht, Schutzburg gegen Heimsuchungen, Große Hoffnung, Kraft der Schwachen, Erlöser der Untergehenden, Retter der Verlorenen, Spender von Freundlichkeit, Schönheit, Gnadengaben und Gutem.

Du bist der Eine, den die Schwärze der Nacht und das Licht des Tages verherrlicht, der Schimmer des Mondes und das Strahlen der Sonne, das Rauschen des Wassers und die Lebhaftigkeit der Bäume. Gott, es gibt niemanden neben Dir.

Gott, mache uns besser als das, was andere von uns erwarten, vergib uns selbst das, wovon niemand etwas weiß, und ziehe uns nicht zur Rechenschaft für das, was andere sagen.

Gott ist meine Genüge. Es gibt keinen Gott außer Ihm. Auf Ihn vertraue ich, und Er ist der Herr des großartigen Throns. An Ihn glauben wir. Alles liegt bei unserem Schöpfer und Erhalter, doch nur die Verständigen beherzigen es.

Unser Schöpfer und Erhalter, lass unsere Herzen nicht mehr abweichen, nachdem Du uns geleitet hast, und schenke uns Barmherzigkeit von Deiner Gegenwart. Du bist doch der Schenkende.

Al-Muntakhab al-Hasani

Das islamische Jahr besteht aus reinen Mondmonaten. Es ist also immer etwas kürzer als das Sonnenjahr. Da nicht (wie im jüdischen Kalender) Schaltmonate vorgesehen sind, durchwandern sozusagen die Tage und Monate einmal in dreiunddreißig Jahren alle Jahreszeiten. Der islamische Kalender funktioniert also in erster Linie als universaler spiritueller Kalender. An Jahreszeiten gebundene Anlässe sind demgegenüber mit der Region verbunden, in der sie aktuell sind, und haben in erster Linie dort auch eine religiöse Bedeutung, wie beispielsweise Nawruz, das Frühlingsfest im iranisch-kurdischen Raum, oder Erntefeste in ihrer jeweiligen Umgebung.

Beim Anblick der neuen Mondsichel

Gott, lass uns diesen neuen Mond erscheinen mit Sicherheit und Gewissheit und Frieden und Hingabe und Hoffnung auf Erfolg – wie es unserem Schöpfer und Erhalter lieb ist und gefällt.

Bukhari

Beim Anblick der ersten Früchte der Jahreszeit

Wenn dem Propheten die ersten Früchte der Jahreszeit gebracht wurden, gab er eine davon dem jüngsten anwesenden Kind zu essen und sagte:

Gott, segne uns in unseren Früchten, und segne uns in unserer Stadt und segne uns in unserem Maß und segne uns in unserem Gewicht.

Tirmidhi, Ibn Majah

Gott, du hast uns nun die ersten Früchte dieser Jahreszeit gezeigt. Also lass uns auch die letzten Früchte genießen.

Baihaqi

Geburtstag des Propheten

Mit dem Geburtstag des Propheten im Rabi' al-Awwal, dem 3. Monat des islamischen Kalenders, sind in der islamischen Welt viele unterschiedliche Traditionen verbunden, deren Kern darin besteht, sich an das Leben und Wirken des Propheten Muhammad zu erinnern.

Muhammad ist nicht der Vater eines eurer Männer, sondern Gottes Gesandter und das Siegel der Propheten, und Gott kennt alle Dinge wohl. Ihr, die ihr glaubt, gedenkt Gottes in häufigem Gedenken und verherrlicht Ihn früh und spät. Er ist es, der euch segnet, und Seine Engel beten um Segen für euch, dass Er euch aus den Finsternissen ins Licht führt, und Er ist barmherzig zu den Gläubigen. Ihr Gruß an dem Tag, an dem sie Ihm begegnen, ist: »Friede!«, und Er hält für sie einen ehrenvollen Lohn bereit. Prophet, Wir haben dich als Zeugen gesandt, als einen Verheißungsbringer und als Warner, und als jemanden, der zu Gott einlädt mit Seiner Erlaubnis, und als eine leuchtende Sonne. Gib den Gläubigen die Verheißung, dass große Gunst von Gott zu ihnen kommt.

Surah 33:40–47

Gott, segne unseren Meister Muhammad und diejenigen, die unserem Meister Muhammad nahestehen, mit einem Segen, mit dem Du uns von aller Angst und Not befreist und durch den Du uns alles austeilst, was wir brauchen, und durch den Du uns von allem Übel läuterst und durch den Du uns zu einem höchsten Rang erhebst und durch den Du uns das fernste Ziel alles Guten erreichen lässt, sowohl im Leben als auch nach dem Tod.

Die Nacht der Himmelsreise (Laylat al-Mi'râj)

Der Überlieferung zufolge hatte der Prophet Muhammad im Rajab, dem 7. Monat des islamischen Jahres, kurze Zeit vor seiner Auswanderung von Mekka nach Madinah eine Vision, in der er in der Nacht von Mekka nach Jerusalem reiste und dann auch zum Himmel aufstieg. In dieser Nacht wurden die fünf täglichen Gebete festgelegt, die einen Geschmack von einer solchen unmittelbaren Begegnung mit Gott vermitteln sollen und die der Prophet daher als »kleinere Himmelsreise des gläubigen Menschen« bezeichnet hat. Man verbringt sie mit Gebet und Erinnerung

Verherrlicht ist Er, der Seinen Diener bei Nacht reisen ließ, von der Heiligen Moschee (in Mekka) zur entlegensten Moschee (in Jerusalem), deren Umgebung Wir gesegnet haben, damit Wir ihm einige Unserer Zeichen zeigen. Er ist doch der Hörende, der Sehende.

Surah 17:1

Ramadan

Aus dem Gebet von Ali b. Husayn Zayn al-'Âbidîn zur Begrüßung des Monats Ramadan:

Lob sei Gott, der uns zu Seinem Lob angeleitet und uns würdig gemacht hat, für Seine Güte dankbar zu sein …

Lob sei Gott, der uns als einen Weg zu Seinem Wohlgefallen Seinen Monat Ramadan bestimmt hat, den Monat des Fastens, den Monat der Hingabe, den Monat der Läuterung, den Monat der Enthaltung, den Monat der Beständigkeit, in dem der Qur'an niedergesandt wurde als Leitung für die Menschen und Verdeutlichung der Führung und Unterscheidung (zwischen Gut und Böse) …

Eine seiner Nächte hat Er gegenüber tausend Monaten ausgezeichnet und »Nacht der Macht« genannt; in ihr steigen die Engel und der Geist nieder mit der Erlaubnis ihres Schöpfers und Erhalters in jeglicher Sache – Frieden und Segen bringt sie bis zur Morgendämmerung für die unter Gottes aufrichtigen Dienern, die Er erwählt.

Gott, segne Muhammad und die Seinen und erleuchte unsere Herzen mit Einsicht, dass wir die Bedeutung dieses Monats erkennen und ihn würdigen. Hilf uns, auf alle die Dinge zu verzichten, die Du in diesem Monat verboten hast, und das Fasten zu bestehen, indem wir unsere Glieder vor Ungehorsam Dir gegenüber bewahren und sie für das einsetzen, was Dir gefällt. Hilf uns, dass wir unsere Ohren nicht sinnlosem Reden aussetzen, unsere Augen nicht auf Schändlichkeiten richten, mit unseren Händen nicht nach Unerlaubtem greifen, mit unseren Füßen nichts Verbotenes betreten, unseren Bauch nur mit dem füllen, was Du erlaubt hast, mit unseren Zungen nur das sprechen, was Dir gefällt, und dass wir nur das tun, was nicht Deinen Tadel nach sich zieht …

Gott, segne Muhammad und die Seinen und schenke uns die Kraft, die Gebete zu verwirklichen, ohne dabei zu übertreiben, und unsere Pflichten, die Du uns auferlegt hast, zu erfüllen …

Und gewähre uns in diesem Monat, dass wir mit unseren Verwandten in liebevoller Fürsorge verbunden sind, dass wir uns in Freundlichkeit und Güte unseren Nachbarn zuwenden, dass wir Schulden zurückzahlen und Spenden geben, dass wir uns mit dem versöhnen, der sich von uns abgewandt hat, dass wir dem gerecht begegnen, der uns

Unrecht zugefügt hat, und dass wir Frieden mit dem schließen, der uns anfeindet …

Al-Muntakhab al-Hasani

Beim Fastenbrechen am Abend:

Gott, für Dich habe ich gefastet und an Dich glaube ich und mit Deiner Versorgung breche ich mein Fasten, darum nimm es von mir an.

Abu Dawud

Beim Fastenbrechen am Tisch eines anderen:

Gott, gib denen zu essen, die mir zu essen gegeben haben, und gib denen zu trinken, die mir zu trinken gegeben haben. Segne sie in dem, was Du ihnen gegeben hast, und vergib ihnen und erweise ihnen Deine Barmherzigkeit.

Masnun Du'a'ayn

In der Nacht der Offenbarung (Laylat al-Qadr)

In einer der letzten zehn Nächte des Monats Ramdan, traditionell der 27. Nacht, erinnert man sich an die erste Offenbarungserfahrung des Propheten Muhammad. Man verbringt sie mit Gebeten sowie mit der Rezitation und dem Studium des Qur'an.

Im Namen Gottes, des Erbarmers, des Barmherzigen. Gott, segne Muhammad und Muhammads Angehörige.

Gott, ich bitte Dich um der Schrift willen, die Du niedergesandt hast, und um dessentwillen, was in ihr geschrieben ist, denn darin ist Dein größter Name, und um Deiner schönsten Namen willen und um dessentwillen, was man letztendlich befürchtet und erhofft, dass Du mich zu denen gehören lässt, die Du vor dem Feuer gerettet hast.

Mündlich überliefert

Aus dem Abschiedsgruß an den Monat Ramadan von Ali b. Husayn Zayn al-'Âbidîn:

Friede sei mit dir, größter Monat Gottes und größtes Fest Seiner Freunde.

Friede sei mit dir, großzügigste der Zeiten und bester Monat in Tagen und Stunden.

Friede sei mit dir, Monat naher Hoffnung und häufiger guter Handlungen.

Friede sei mit dir, Gefährte, den man wertschätzt, wenn man ihm begegnet, und sehr vermisst, wenn er gegangen ist, und dessen Abschied traurig macht ...

Friede sei mit dir, Monat, der in allen Dingen Frieden gibt.

Friede sei mit dir, dessen Gesellschaft angenehm war und dessen Nähe Freude machte.

Friede sei mit dir, der Gottes Segen gebracht und uns von den Flecken der Sünden befreit hat ...

Al-Muntakhab al-Hasani

Beim Festtagsgebet:

Gott, Herr der Größe und Herrlichkeit und Herr der Güte und Macht

und Herr des Schutzes und der Barmherzigkeit und Herr der Achtsamkeit und Vergebung

wir bitten Dich bei dem Recht dieses Tages, den Du für die Muslime zum Festtag gemacht hast und für Muhammad – Gott schenke ihm und den Seinen Heil –, als Schutz und als Ehre und als Gnade und als Segen, dass Du Muhammad und die Seinen segnest und dass Du uns zu allem Guten führst, zu dem Du Muhammad und die Seinen geführt hast, und dass Du uns von allem Schlechten befreist, von dem Du Muhammad und die Seinen befreit hast. Dein Segen sei mit ihm und mit ihnen allen.

Gott, wir bitten Dich um das Gute, um das Dich Deine rechtschaffenen Diener bitten, und wir suchen Schutz bei Dir vor allem, wovor Deine aufrichtigen Diener Schutz suchen.

Al-Muntakhab al-Hasani

Pilgerfahrt und Opferfest

Abrahams Gebet für die Stadt Mekka

Mein Schöpfer und Erhalter, mache dies zu einer Stadt der Sicherheit und bewahre mich und meine Nachkommen davor, den Götzen zu dienen. Mein Schöpfer und Erhalter, (die Götzen) haben viele Menschen verleitet. Wer mir also nachfolgt, der gehört zu mir. Wer mir aber nicht folgt – Du bist doch vergebend, barmherzig.

Unser Schöpfer und Erhalter, ich habe einige meiner Nachkommen in einem öden Tal bei Deinem heiligen Haus angesiedelt, Herr, damit sie das Gebet verwirklichen. Lass ihnen also die Herzen einiger Menschen zugeneigt sein und versorge sie mit Früchten, damit sie dankbar werden.

Unser Schöpfer und Erhalter, Du weißt, was wir verheimlichen und was wir bekanntgeben – nichts ist vor Gott verborgen, sei es auf der Erde oder im Himmel.

Lob sei Gott, der mir im hohen Alter noch Ismail und Isaak gegeben hat – mein Herr erhört doch die Bitten.

Mein Schöpfer und Erhalter, lass mich das Gebet verwirklichen, desgleichen meine Nachfahren, unser Schöpfer und Erhalter, und nimm unseren Ruf an. Unser Schöpfer und Erhalter, vergib mir und meinen Eltern und auch den Gläubigen an dem Tag, an dem die Abrechnung stattfindet.

Surah 14:35–42

Aus dem Gebet von Husayn b. 'Ali für den Tag von Arafat vor dem Opferfest

Gott, Lob sei Dir, wie Du mich erschaffen und mir Ohren und Augen gegeben hast. Lob sei Dir, wie Du mich geformt und meine Gestalt schön gemacht hast, aus Gnade zu mir, ohne dass es für Dich notwendig gewesen wäre, mich zu erschaffen.

Mein Schöpfer und Erhalter, Du hast mich hervorgebracht und meine Gestalt schön gemacht und meiner Seele Wohlergehen geschenkt.

Mein Schöpfer und Erhalter, Du hast mich vor Übel geschützt und mir zu Gutem verholfen.

Mein Schöpfer und Erhalter, Du hast mir Barmherzigkeit erwiesen und mich geleitet.

Mein Schöpfer und Erhalter, Du hast mir vieles geschenkt und mir alles Gute geben.

Mein Schöpfer und Erhalter, Du hast mich mit Speise und Trank versorgt.

Mein Schöpfer und Erhalter, Du hast mich von allem außer Dir unabhängig gemacht und mich bereichert.

Mein Schöpfer und Erhalter, Du hast mir beigestanden und mir Ehre erwiesen.

Mein Schöpfer und Erhalter, Du hast meine Schwächen bedeckt und mir reichliche Wohltat erwiesen.

Segne darum Muhammad und Muhammads Angehörige und stehe mir bei in meiner übrigen Lebenszeit und in den dahinschwindenden Nächten und Tagen. Erlöse mich von den Schrecken des irdischen Lebens und von Traurigkeit in der zukünftigen Welt und bewahre mich vor dem Übel der Tyrannen auf Erden.

Gott, übernimm Du für mich meinen Schutz vor dem, was ängstigt; bewahre mich vor dem, was ich meiden muss; sei mein Hüter für meine Seele und meinen Glauben, mein Beschützer auf meinen Reisen; der Bewahrer meiner Familie und meines Eigentums. Sei der Treuhänder dessen, was Du mir gegeben hast, und segne Deine Gaben für mich, lass mich Demut vor Dir fühlen und lass mich vor den Augen der Menschen ehrenwert sein; rette mich vom Übel der unsichtbaren Kräfte und der Menschen. Stelle meine Fehler nicht bloß und lass mich durch meine Handlungen nicht in Schande geraten; versage mir nicht Deine Gnade und überlass mich nicht einem anderen als Dir.

Al-Muntakhab al-Hasani

Lebenszyklus

Kinderwunsch, Schwangerschaft und Geburt

Mein Schöpfer und Erhalter, schenke mir von Dir her gute Nachkommen. Du bist doch der, der Gebete erhört.
Surah 3:38

Mein Schöpfer und Erhalter, meine Gebeine sind schwach geworden und mein Haar weiß, aber, mein Schöpfer und Erhalter, aber ich bin nie mit einem Gebet zu Dir enttäuscht worden. Ich fürchte aber, dass meine Angehörigen nach mir (nicht im selben Sinne handeln), und meine Frau ist unfruchtbar. Schenke mir doch von Deiner Gegenwart her einen Nachfolger, der mein Erbe sein soll und auch ein Erbe der Angehörigen Jakobs, und lass ihn, Herr, Dir wohlgefällig sein.
Gebet des Zacharias in Surah 19:4–6

Mein Schöpfer und Erhalter, lass mich nicht kinderlos – auch wenn Du der beste Erbe bist.
Gebet des Zacharias in Surah 21:89

Unser Schöpfer und Erhalter, schenke uns an unseren Lebenspartnern und Kindern Trost und Freude und mache uns zu führenden Vorbildern für die Rechtschaffenen.
Surah 25:74

Mein Schöpfer und Erhalter, schenke mir Weisheit und lass mich zu den Rechtschaffenen gehören. Lass mich unter meinen Nachfahren einen guten Ruf der Rechtschaffenheit genießen, und mache mich zu einem Erben des Gartens der Glückseligkeit. Vergib auch meinem Vater, denn er gehörte zu den Irregehenden. Lass mich nicht in Schande geraten an dem Tag, an dem man von den Toten auferweckt wird, an dem Tag, an dem weder Eigentum noch Kinder etwas nützen können, es sei denn, man käme zu Gott mit einem heilen Herzen.

Surah 26:83–89

Mein Schöpfer und Erhalter, erbarme Dich der beiden (Eltern), so wie sie mich großgezogen haben, als ich noch klein war. *Surah 17:24*

Mein Schöpfer und Erhalter, rege mich dazu an, Dir dankbar zu sein für die Gnadengaben, die Du mir und meinen Eltern geschenkt hast, und für Ordnung und Frieden zu wirken, wie es Dir gefällt, und segne mich in meinen Nachkommen. Zu Dir kehre ich um, und ich bin einer derer, die sich Dir hingeben.

Surah 46:15

Mein Schöpfer und Erhalter, rege mich an, dankbar zu sein für Deine Gnadenerweise, die Du mir und meinen Eltern geschenkt hast, und auf Ordnung und Frieden bedacht zu sein, wie es Dir wohlgefällig ist, und vereine mich durch Deine Barmherzigkeit mit Deinen rechtschaffenen Dienern.

Gebet Salomos in Surah 27:19

Segen für ein Brautpaar

Möge Gott dich segnen, Bruder, und möge Gott dich segnen, Schwester, und möge Gott euch beide segnen und euch in Liebe und Barmherzigkeit zusammenfügen.

Ahmad, Tirmidhi

Totengebet bei der Beerdigung

Gott, schenke Muhammad und den Seinen Heil, und segne Muhammad und die Seinen, und schenke Muhammad und den Seinen Deine Barmherzigkeit, so wie Du Abraham und den Seinen Heil, Segen und Barmherzigkeit geschenkt hast. Du bist lobenswürdig, ruhmreich.

Und segne alle Propheten und Gesandten, alle diejenigen, die mit ihrem Leben und Sterben Zeugnis für Dich ablegen, die Wahrhaftigen und alle rechtschaffenen Gottesdiener.

Gott, vergib den gläubigen Männern und den gläubigen Frauen, den gottergebenen Männern und den gottergebenen Frauen, den Lebenden unter ihnen und auch den Verstorbenen. Lass uns ihnen im Guten folgen. Du antwortest auf die Anrufung; Du hast Macht über alle Dinge.

Gott, dies ist Deine Dienerin, die Tochter Deines Dieners und Deiner Dienerin. Sie ist bei Dir angekommen, und Du bist doch der Beste, bei dem man ankommen kann. Gott, wir wissen nichts von ihr als Gutes. Gott, wenn sie jemand war, die Gutes getan hat, dann mehre ihre Güte, und wenn sie ungehorsam war, dann sieh es ihr nach und vergib ihr.

Gott, lass sie bei Dir in die höchste Glückseligkeit gelangen, und schenke ihren hinterbliebenen Angehörigen Gutes zum Trost und erweise ihnen Barmherzigkeit. Bei Deiner Barmherzigkeit, Du Allbarmherziger!

Für einen verstorbenen Mann wird die weibliche Form durch die männliche ersetzt.

Fürbitte für einen Verstorbenen

Gott, dieser Verstorbene ist nun unter Deinem Schutz und hat in Deiner Gegenwart Sicherheit gefunden. Bewahre ihn also vor den Heimsuchungen des Grabes und vor dem Leid des Feuers. Du erfüllst doch Dein Versprechen und bist der Herr der Wahrheit. Gott, vergib ihm und erweise ihm Barmherzigkeit. Du bist doch der Vergebende, der Barmherzige.

Ibn Majah

Gott, Du bist der Herr dieses Verstorbenen. Du hast ihn geschaffen und zur Hingabe an Dich geleitet. Du hast nun seine Seele hinweggenommen. Du kennst am besten ihre Geheimnisse und ihre Besonderheiten. Wir kommen, um Fürbitte für ihn einzulegen, darum vergib ihm.

Abu Dawud

Friedhofsgruß

Friede sei mit euch, ihr Bewohner der Gräber. Möge Gott uns und euch vergeben. Ihr seid uns vorausgegangen, und wir werden euch dereinst folgen.

Beim Besuch eines Friedhofes grüßt man mit diesen Worten die Verstorbenen.

Dem Erbarmer, dem Barmherzigen

Lob und Dank an Gott und Segen für den Propheten

Lobpreisung

Siehst du nicht, dass es Gott ist, den alle verherrlichen, die in den Himmeln und auf der Erde sind, und auch die Vögel mit ausgebreiteten Flügeln? Jedes kennt sein Gebet und seine Verherrlichung, und Gott weiß, was sie tun. Und Gott gehört die Herrschaft der Himmel und der Erde, und zu Gott ist die Heimkehr.

Surah 24:41

In der Schöpfung der Himmel und der Erde und dem Wechsel von Nacht und Tag sind doch Zeichen für die Verständigen, die im Stehen, Sitzen und wenn sie auf der Seite (liegen) Gottes gedenken und über die Schöpfung der Himmel und der Erde nachdenken: »Unser Herr, Du hast dies nicht sinnlos erschaffen. Erhaben bist Du! Rette uns also vor dem Leid des Feuers. Unser Herr, jeden, den Du ins Feuer gelangen lässt, setzt Du der Schande aus, und für die Ungerechten gibt es keinen Helfer. Unser Herr, wir haben den Ruf eines Rufers gehört, der zum Glauben einlädt: »Glaubt an euren Herrn!«, und wir glauben. Unser Herr, vergib uns darum unsere Sünden und gleiche unsere schlechten Handlungen aus und lass uns mit den Rechtschaffenen zurückkehren. Unser Herr, und gib uns, was Du uns durch Deine Gesandten verheißen hast, und lass uns am Tag der Auferstehung nicht in Schande geraten. Du brichst doch Dein Versprechen nicht.« Ihr Herr antwortet ihnen: »Ich lasse das Werk des Wirkenden unter euch nicht verloren gehen, sei es Mann oder Frau. Ihr gehört zueinander. Diejenigen also, die ausgewandert sind und aus ihrem Heim vertrieben wurden und auf Meinem Weg verfolgt wurden und gekämpft haben und getötet wurden, deren schlechte Handlungen gleiche Ich aus und bringe sie in Gärten, durch die Ströme fließen – ein Lohn von Gottes Gegenwart, und bei Gott ist der beste Lohn.«

Surah 3:190–195

Gott, Herr der Herrschaft, Du gibst Herrschaft, wem Du willst, und Du nimmst die Herrschaft, wem Du willst; Du erhöhst, wen Du willst, und Du erniedrigst, wen Du willst. In Deiner Hand ist alles Gute, und Du hast Macht über alle Dinge. Du lässt die Nacht in den Tag übergehen und lässt den Tag in die Nacht übergehen. Du bringst Lebendiges aus Totem hervor, und Du bringst Totes aus Lebendigem hervor, und du versorgst, wen Du willst, ohne zu rechnen.

Surah 3:26–27

Nachdenken

Denke nach über die Schönheit, mit der Land und Meer erschaffen sind,
und beschäftige dich insgeheim und offen mit Gottes Eigenschaften:

Im eigenen Inneren und an den Horizonten findet sich das größte Zeugnis
für Gottes uneingeschränkte Vollkommenheit.

Wenn du dich beschäftigen würdest mit den physischen
Körpern, der Schönheit ihrer Formen
und ihrer perlengleichen Ordnung,

wenn du dich beschäftigen würdest mit den Geheimnissen
der Zunge und ihrer Sprache
und ihrer Fähigkeit, das auszudrücken, was in der Brust
verborgen ist,

wenn du dich beschäftigen würdest mit den Geheimnissen
aller Glieder,
und wie sie dem Herzen mit Leichtigkeit gehorchen,

wenn du dich beschäftigen würdest mit der Wendung der
Herzen zum Gehorsam,
manchmal aber auch zur Widersetzlichkeit,

wenn du dich beschäftigen würdest mit der Erde und dem
Reichtum ihrer Pflanzen
und der Vielzahl ihrer Landschaften und zerklüfteten
Gebirge,

wenn du dich beschäftigen würdest mit den Geheimnissen
der Meere und ihrer Fische
und der Menge ihrer Wellen, die doch eingedämmt und im
Zaum gehalten werden,

wenn du dich beschäftigen würdest mit den Geheimnissen
der Winde – sie bringen
Nebel und Wolken, die Regen niederströmen lassen …

dann würdest du durch ein unerschütterliches Band mit der göttlichen Einheit verbunden
und gelöst von Aberglauben, Zweifel und allem solchen.

Du würdest sagen: »Mein Gott, Du bist meine Sehnsucht und mein Verlangen
und meine Burg, die mich vor Übel, Schaden und Trug schützt.

Du bist meine Hoffnung auf Versorgung mit allem, was ich brauche,
und Du bist der, der mich vor allem Bösen und Übel rettet.

Du bist der Barmherzige. Du antwortest dem, der Dich anruft.
Du bist auch der, der den Armen in seiner Armut bereichert.

Zu Dir, Erhabener, erhebe ich meine Bitte,
darum eile, mein Gott, den Schleier zu lüften …

Aus dem Diwan von Muhammad b. Al-Habib

Das »Leise Gebet der Erkennenden«
von Ali b. al-Husayn Zayn al-'Âbidîn

Im Namen Gottes, des Erbarmers, des Barmherzigen.

Mein Gott, die Zungen sind zu klein, Dich so zu loben, wie es Deiner Größe angemessen wäre. Der Verstand ist unfähig, Deine Schönheit wahrhaftig zu erkennen. Die Augen sind nicht in der Lage, die Lichtstrahlen Deines Angesichts anzuschauen. Du hast den erschaffenen Wesen keinen Weg gegeben, Dich zu erkennen, außer der Erkenntnis der Unfähigkeit, Dich zu erkennen.

Mein Gott, mache uns zu Menschen, bei denen Bäume der Sehnsucht in den Gärten ihrer Brust verwurzelt sind und deren Herzen die Glut der Liebe zu Dir in sich tragen. So suchen sie Schutz in den Nestern der Gedanken in den Gärten der Liebe; sie trinken aus den Bechern der Zuneigung und besuchen die Quellen der Glückseligkeit. Der Schleier wird vor ihren Augen gelüftet. Die Finsternis der Unwissenheit verschwindet aus ihrem Glauben und ihrem Gewissen. Der Zweifel weicht aus ihrem Herzen und ihrer Seele. Ihre Brust weitet sich durch die Festigung der Erkenntnis. Ihr Eifer wächst in der Enthaltsamkeit, so dass sie um die Glückseligkeit wetteifern. Ihr Trank aus der Quelle des Handelns wird süß. Ihre Seelen fühlen sich wohl in den Stunden Deiner Gegenwart. Ihr Gemüt geht beruhigt durch Zeiten der Angst. Ihr innerstes Wesen ist befriedigt durch die Rückkehr zum Herrn aller Herren. Ihr Geist erreicht die Gewissheit von Glück und Heil. Ihre Augen sind vom Anblick des Geliebten beglückt. Ihre Entschlossenheit, ihr Ziel zu erreichen, festigt sich. Ihr Handel bringt Gewinn, indem sie das irdische Leben in das zukünftige investiert haben.

Mein Gott, wie süß ist doch der Geschmack des Impulses, Deiner zu gedenken, für die Herzen! Wie schön ist das Reisen auf dem Weg zu Dir mit den Wunschträumen des Verborgenen! Wie köstlich ist der Geschmack Deiner Liebe und wie süß der Trank Deiner Nähe!

Bewahre uns also davor, dass wir von Dir abgewiesen und verbannt werden, und lass uns zu den Erwählten gehören, die Dich erkennen, zu Deinen rechtschaffenen Geschöpfen, die Dir wahrhaftig gehorsam sind, zu Deinen reinen Dienern – Erhabener, Majestätischer, Freigebiger! Bei Deiner Barmherzigkeit, Barmherzigster derer, die Barmherzigkeit erweisen!

Es gibt keinen Gott außer Gott. Preis sei dem König, dem Heiligen.

Es gibt keinen Gott außer Gott. Preis sei dem Mächtigen Freund, dem, Der die Dinge einrenkt.

Es gibt keinen Gott außer Gott. Preis sei dem Freundlichen, dem Barmherzigen.

Es gibt keinen Gott außer Gott. Preis sei dem Vergebenden, dem Langmütigen.

Es gibt keinen Gott außer Gott. Preis sei dem Großmütigen, dem Weisen.

Es gibt keinen Gott außer Gott. Preis sei dem Starken, dem Allumfassenden.

Es gibt keinen Gott außer Gott. Preis sei dem Feinen, dem Wahrnehmenden.

Es gibt keinen Gott außer Gott. Preis sei dem Unabhängigen, dem Angebeteten.

Es gibt keinen Gott außer Gott. Preis sei dem Vergebenden, dem Liebenden …

Es gibt keinen Gott außer Gott. Preis sei dem Lebendigen, dem Beständigen.

Es gibt keinen Gott außer Gott. Preis sei dem Schöpfer, dem Gestalter.

Es gibt keinen Gott außer Gott. Preis sei dem Hohen, dem Großen.

Es gibt keinen Gott außer Gott. Preis sei dem Einen, dem Einzigen.

Es gibt keinen Gott außer Gott. Preis sei dem Treuen, dem Beschützer.

Es gibt keinen Gott außer Gott. Preis sei dem Abrechnenden, dem Zeugen …
Es gibt keinen Gott außer Gott. Noah ist der von Gott Gerettete.
Es gibt keinen Gott außer Gott. Abraham ist Gottes Freund …
Es gibt keinen Gott außer Gott. Mose ist Gottes Gesprächspartner …
Es gibt keinen Gott außer Gott. Jesus ist Geist von Gott.
Es gibt keinen Gott außer Gott. Muhammad ist Gottes Gesandter.

Aus Du'a Ganj al-'Arsh

Alles Lob gebührt Gott, dem Schöpfer aller Wesen, der mit Nahrung versorgt, der den Morgen anbrechen lässt, dem Eigner von Majestät, Großzügigkeit, Freundlichkeit und Gnade, der unsichtbar fern ist und doch nah genug, um selbst das leiseste Flüstern zu vernehmen. Heilig und erhaben ist Gott …

Alles Lob gebührt Gott, der mich hört, wenn ich rufe, der meine Schwäche bedeckt, auch wenn ich Ihm nicht gehorcht habe, und der mir große Gaben gibt, auch wenn ich nicht dankbar dafür war. Wie oft hat Er mir schöne Gaben geschenkt und mich vor furchtbarem Schrecken bewahrt und mir großes Glück gezeigt. Ich danke Ihm darum mit Freude und verkünde Sein Lob.

Alles Lob gebührt Gott, dessen Schutzwall nicht durchbrochen werden kann, dessen Tür nie verschlossen ist, der niemanden zurückweist, der Ihn bittet, und niemanden enttäuscht, der auf Ihn hofft.

Alles Lob gebührt Gott, der den Furchtsamen Sicherheit gibt, der die Freundlichen rettet und die Unterdrückten erhebt und Könige vom Thron stürzt …

Alles Lob gebührt Gott, der den Gewalttätigen zerschlägt und den Tyrannen überwindet und den Fliehenden einholt und den Unterdrücker zur Rechenschaft zieht und dem hilft, der Ihn um Hilfe anruft, und den Gläubigen beisteht …

Alles Lob gebührt Gott, der uns leitet, denn wenn Er uns nicht leiten würde, gäbe es keine Leitung und Führung für uns …

Aus dem Gebet zur Öffnung der Herzen,
mündlich überliefert

Lob sei Gott für alles das, was Er uns über sich selbst gelehrt hat, und für die Dankbarkeit Ihm gegenüber, die Er uns eingegeben hat, und für die Öffnung der Tore des Wissens darum, dass Er Gott ist, und dafür, dass Er uns dazu geleitet hat, aufrichtig Seine Einheit und Einzigkeit zu bezeugen, und dass Er uns davor geschützt hat, gegen Seine Gebote zu rebellieren und ihnen gegenüber misstrauisch zu sein. Wir loben Ihn, so dass wir Leben finden inmitten der Geschöpfe, die Ihn loben, so dass wir wetteifern zusammen mit denen, die um Sein Wohlgefallen und Seine Vergebung wetteifern.

Al-Muntakhab al-Hasani

Mit den Bergen, mit den Steinen rufe ich Dich, Herr, mein Gott.
Mit den Vögeln früh am Morgen rufe ich Dich, Herr, mein Gott.

Mit den Fischen auf dem Flussgrund, mit der springenden Gazelle,
Immerfort als Wanderderwisch rufe ich Dich, Herr, mein Gott.
Mit Jesus hoch im Himmel, auch mit Mose auf dem Berge,
Mit dem Zepter in den Händen rufe ich Dich, Herr, mein Gott.
Mit Hiob in seinem Leiden, mit Jakob und seinen Tränen,
Mit Muhammad, dem Geliebten, rufe ich Dich, Herr, mein Gott.
Von der Welt ringsum umgeben bleibe ich dem Leben ferne.
Barfuß und mit bloßem Haupte rufe ich Dich, Herr, mein Gott.
Yunus' Stimme singt mit Tauben und dem Lied der Nachtigallen.
Voll erfüllt mit Gottesliebe rufe ich Dich, Herr, mein Gott.

Yunus Emre

Gotteslob

Dir sei Lob, Eigner von Langmut, Vergebung und Schutz.
Mein Lob ist ein Echo Deiner Güte, großmütiger Geber.
Dir sei Lob nach der Anzahl der Regentropfen, der Sandkörner und der Kieselsteinchen,
nach der Anzahl der Pflanzen auf der Erde und der Fische im Meer.
Dir sei Lob nach der Anzahl der Ameisen, verborgenen Wesen und Menschen
und so groß wie der Himmel, der göttliche Thron und die Sterne, die wie Perlen verstreut sind …

Dir sei Lob, mein Schöpfer und Erhalter, wie es Dir zusteht,
denn ich könnte selbst in endlosen Zeiten Dein Lob nicht angemessen aufzählen.
Dir sei Lob, Freigebiger an Gnade,
der den Gottergebenen Öffnung und Hilfe zuteilwerden lässt.
Dir sei Lob durch Atem, Körper und Herz.
Sei freundlich zu Deinem Diener, der verwirrt und ratlos ist.
Auch wenn mir meine Verfehlungen im Weg stehen,
so hege ich doch die Hoffnung, dass Du den Bruch wieder heilst.
Erweise uns Gnade und wende Dich vergebend zu uns,
so dass miteinander versöhnt wird, was vor langer Zeit auseinanderbrach.
Mehre für uns Gnade, Licht und Einsicht
und stärke uns mit Leitung durch Dein Gebot und seinen inneren Sinn.
Hilf uns in unseren Worten und Taten
und versorge uns auch aus Quellen, die wir nicht erwarten.
Hier stehen wir am Tor der Gnade
und warten ohne Mühe auf die Zuneigung des Geliebten.
Schenke uns doch bald Deinen Trost, Erhörer der Gebete,
denn Du bist doch Eigner von Großmut, Freundlichkeit und Güte.
Denn Deine Gnade besteht, ohne dass es uns gäbe,
und nichts hindert Deine Großmut, sich auf uns herabzusenken …

Diwan von Shaykh Muhammad b. al-Habib

Dankbarkeit

Das »Leise Gebet der Dankbaren« von Ali b. al-Husayn Zayn al-'Âbidîn

Im Namen Gottes, des Erbarmers, des Barmherzigen.

Mein Gott, es versetzt mich in Verwunderung, wie Deine Gaben unaufhörlich fließen, so dass sie mir keine Gelegenheit lassen, Dir angemessen zu danken. Deine ständige Gnade macht mich unfähig, Dein Lob aufzuzählen. Deine ununterbrochenen Geschenke lenken mich davon ab, Dich so zu preisen, wie es Dir zusteht, und Deine grenzenlose Güte überwältigt mich so, dass ich sie kaum erfassen kann.

Darum stehe ich nun hier demütig vor Dir und muss zugeben, dass ich undankbar, nachlässig und achtlos gewesen bin. Aber ich bin voller Hoffnung, denn Du bist der Erbarmer, der Barmherzige, der Schenkende, der den, der sich Ihm zuwendet, nicht enttäuscht, und den, der auf Ihn hofft, nicht abweist.

Wer sich voller Hoffnung zu Dir wendet, bringt Dir seine Ehrfurcht entgegen. Auf Deine Gnade wartet die Hoffnung derer, die Dich um Deine Gaben bitten. Darum erwidere unsere Sehnsucht nicht mit Enttäuschung und hülle uns nicht in Hoffnungslosigkeit.

Mein Gott, auch wenn mein Dank angesichts der Fülle Deiner Gnadenerweise unzulänglich scheint und mein Lob angesichts Deiner Freigebigkeit geringfügig, so weiß ich doch, dass Du durch Dein Licht meinen Glauben erleuchtest, mich mit Deiner Güte ehrst, mich mit Deiner Barmherzigkeit auszeichnest und mich durch Deine Liebe an Dich bindest.

Deine Gaben sind so viele, dass meine Zunge zu schwach ist, sie alle aufzuzählen, und Deine Geschenke sind so viele, dass mein Verstand sie nicht alle erfassen kann.

Wie könnte ich dann in Deinen Augen dankbar erscheinen, wo meine Dankbarkeit doch so unvollkommen bleiben muss? Wie kann ich die Reise zu Dir bewältigen, wenn mein Lob doch Deine Erhabenheit niemals erreichen kann?

Mein Gott, Du versorgst uns mit Deiner Gnade und erziehst uns durch Deine Leitung. Darum vollende Deine Güte an uns und bewahre uns vor Deinem Missfallen. Schenke uns Deine Barmherzigkeit in dieser Welt und im zukünftigen Leben ohne Ende auf die beste Weise jetzt und immer.

Dir gebührt das schönste Lob in allen unseren Prüfungen und Heimsuchungen – von dem, der Zufriedenheit erlangen kann und stets bereit ist, die Fülle Deiner Güte und den Reichtum Deiner Gaben anzuerkennen, Du Erhabener, Du Großzügiger – bei Deiner Barmherzigkeit, Barmherzigster derer, die Barmherzigkeit erweisen!

Gott, Dein Licht ist vollkommen, darum leitest und führst Du – Preis sei Dir!

Deine Gnade ist unermesslich, darum vergibst Du – Preis sei Dir!

Du streckst Deine Hand aus und gibst – Preis sei Dir!

Dein Angesicht ist das edelste Angesicht, Deine Stellung ist die höchste Stellung, Deine Gaben sind die wohltuendsten Gaben – Preis sei Dir!

Dir gehorcht man, unser Schöpfer und Erhalter, und Du zeigst Dich erkenntlich; Dir ist man ungehorsam, unser Schöpfer und Erhalter, und Du vergibst. Du antwortest dem, der in Not ist; und Du deckst Böses auf; und Du heilst

Verletzungen; und Du nimmst Trauer und Schmerz hinweg; und Du nimmst die Umkehr an; und Du vergibst schlechte Handlungen. Niemand kann Deine Güte vergelten; und niemand kann Deine Gnadenerweise zählen; und kein redebegabter Sprecher kann Dein Lob hinreichend singen.

Ali b. Abi Talib

Den Wein der Wahrheit haben wir getrunken – Lob sei Gott!
Das Meer der Mächte haben wir befahren – Lob sei Gott!
Die Berge drüben, Wälder, Traubengärten,
gesunden Herzens haben wir durchwandert – Lob sei Gott!
Mit ausgedörrten Füßen erreichten wir den Gipfel.
Uns wuchsen Flügel, und wir flogen – Lob sei Gott!
Komm her, Feind, zur Versöhnung! Freund, komm auch herbei!
Gesattelt sind die Pferde: wir reiten – Lob sei Gott!
Im winterlichen Rom taten wir Gutes, aber auch Böses.
Der Frühling ist gekommen. Wir reisen weiter – Lob sei Gott!
Als Quell sind wir entsprungen, verbanden uns zum Fluss,
flossen ins Meer und flossen über – Lob sei Gott!
Diener waren wir im fremden Haus
Yunus war roh und gärte, dann wurde er reif – Lob sei Gott!

Yunus Emre

Segensbitten für den Propheten

Gott, segne unseren Meister Muhammad, der geöffnet hat, was verschlossen war, das Siegel dessen, was zuvor gekommen ist, der Wahrheit mit Wahrheit stützt, dem Leiter auf dem rechten Weg, und auch seine Angehörigen, so wie es seinem hohen Rang und seiner edlen Stellung angemessen ist.

Segensbitte aus der Sufitradition der Tijaniyah

Gott, schenke unserem Meister Muhammad Heil, Segen und Frieden, dem Propheten der Gemeinschaft, und auch den Angehörigen unseres Meisters Muhammad, des Propheten der Gemeinschaft, dem vorzüglichsten unter den Geschöpfen, denen Du Segen schenkst. Mir ihm sei unaufhörlicher und uneingeschränkter Segen, der sich in dieser Welt und im zukünftigen Leben in Deinem Wohlgefallen zeigt.

Gott, vergib der Gemeinde Muhammads, mit dem göttlicher Segen und Friede sei!

Gott, erbarme Dich der Gemeinde Muhammads, mit dem göttlicher Segen und Friede sei!

Gott, erlöse die Gemeinde Muhammads, mit dem göttlicher Segen und Friede sei!

Gott, segne unseren Meister Muhammad und die Angehörigen unseres Meisters Muhammad und die Gefährten unseres Meisters Muhammad und die Frauen unseres Meisters Muhammad und die Nachkommen unseres Meisters Muhammad, so wie Du Abraham und Abrahams Angehörigen Heil, Frieden, Segen und Barmherzigkeit geschenkt hast – nach der Anzahl aller Buchstaben des Qur'an und der Überlieferungen und der Quellen der Überlieferungen und der gelehrten Werke des Rechts und der Quellen des Rechts sowie nach der Anzahl der verschiedenen Arten der Engel und nach der Anzahl der Sterne am Himmel und nach der Anzahl der Regentropfen und der Blätter der Bäume und der Samenkörner und der Früchte und aller Sandkörner und der Kristalle und nach der Anzahl aller Deiner Geschöpfe, der Menschen und der verborgenen Wesen und der wilden Tiere und der Vögel und alles dessen, was auf der Erde kriecht und krabbelt – mit einem fortwährenden, uneingeschränkten Segen bis zum Tag der Auferstehung. Du bist doch der Erhabene, der Lobenswürdige!

Ein weiteres Lied

Ich bin entzückt allein im Gedenken meines Herrn,
denn im Gedenken meines Herrn, darin liegt Heilung.
Ich liebe meinen Schöpfer und Erhalter – Er ist mein Vertrauen.
In allen Dingen liegt die Entscheidung bei Ihm.
Jede Liebe zu einem anderen als meinem Schöpfer und Erhalter –
Darin liegt Schmerz, darin liegt Leid.
Wie glücklich ist der, der das Vergängliche hinter sich lässt!
Für ihn gibt es Leben, für ihn gibt es Beständigkeit.

Herr, segne Muhammad –
durch sein Wesen kommt Licht und Erleuchtung –
und seine Angehörigen und edlen Gefährten.
Ihnen gilt Verheißung, ihnen steht Erfüllung zu.

Aus dem Diwan von Muhammad b. al-Habib

Dem Meister des Gerichtstages

Bitte um Vergebung und Klage

Bitte um Vergebung

Der Prophet Muhammad wurde als »Barmherzigkeit für die Welten« gesandt. Das bedeutet, dass er den Menschen nicht nur Anleitung auf dem rechten Weg gab und sie lehrte, einander Barmherzigkeit zu erweisen, sondern dass er Möglichkeiten aufzeigte, wie sie von schlechten Handlungen und Verirrungen wieder zurückfinden konnten auf den Weg zu Gott. Vergebung erfordert Einsicht und Reue und den Vorsatz, sich in Zukunft besser zu verhalten. Wer einem Mitmenschen Unrecht zugefügt hat, soll sich um Versöhnung mit diesem bemühen. Wichtig ist in jedem Fall auch, Gott um Vergebung zu bitten.

Unser Schöpfer und Erhalter, wir haben gegen uns selbst Unrecht begangen, und wenn Du uns nicht vergibst und Barmherzigkeit erweist, gehören wir zu den Verlierenden.

Gebet Adams und Evas, nachdem sie die verbotene Frucht gegessen hatten und aus dem Garten vertrieben worden waren, in Surah 7:23

Es gibt keinen Gott außer Dir! Verherrlicht bist Du. Ich war einer der Ungerechten.

Gebet des Jona im Bauch des Fisches in Surah 21:87

Unser Herr, vergib uns unsere Vergehen und unsere Unmäßigkeit in unseren Angelegenheiten und festige unsere Schritte und stehe uns bei gegen die Verleugner.

Surah 3:147

Unser Herr, strafe uns nicht, wenn wir vergessen oder uns vergangen haben. Unser Herr, lege uns keine Last auf, wie Du sie denen auferlegt hast, die vor uns waren. Unser Herr, und lege uns nichts auf, was wir nicht tragen können, und lösche unsere Fehler aus und vergib uns und erweise uns Barmherzigkeit. Du bist unser Beschützer, darum hilf uns wider diejenigen, die die Wahrheit leugnen.

Surah 2:286

Herr, da Du mir Gnade erwiesen (und mir vergeben) hast, will ich niemals ein Helfer der Übeltäter sein.

Gebet des Mose, nachdem ihm die Tötung des Sklavenaufsehers vergeben worden war, in Surah 28:17

Mein Schöpfer und Erhalter, wenn Du wolltest, Du könntest (die Kinder Israel) und auch mich vernichten – würdest Du uns denn vernichten um dessentwillen, was die Unvernünftigen unter uns getan haben? Dies ist nur eine Heimsuchung, durch die Du irregehen lässt, wen Du willst, und leitest, wen Du bereit und würdig findest. Du bist unser beschützender Freund. Vergib uns darum und erweise uns Barmherzigkeit – Du bist doch der beste Vergebende.

Gebet des Mose nach der Konfrontation mit dem Goldenen Kalb in Surah 7:155–156

Unser Schöpfer und Erhalter, Du umfasst alle Dinge mit Barmherzigkeit. Vergib also denen, die umkehren und Deinem Weg folgen, und erlöse sie von dem Leid des Feuers, Herr, und führe sie in die Gärten der Seligkeit, die Du ihnen verheißen hast, zusammen mit denen von ihren Eltern und Lebensgefährten und Kindern, die auf Ordnung und Frieden hin handeln. Du bist doch der Mächtige Freund, der Weise. Bewahre sie vor allem Übel – wen Du an jenem Tag vor Übel bewahrst, dem erweist Du wirklich Barmherzigkeit, und das ist der höchste Erfolg.

Fürbitte der Engel in Surah 40:7–9

Unser Schöpfer und Erhalter, vergib uns und unseren Brüdern und Schwestern, die uns im Glauben vorangegangen sind, und lass in unseren Herzen keinen Groll übrig gegenüber denen, die glauben. Du bist doch der Gütige, der Barmherzige.

Surah 59:10

Gott, ich bitte Dich um Vergebung und Nachsicht in dieser Welt und im zukünftigen Leben.

Gott, ich habe gegen mich selbst viel Unrecht begangen, und niemand vergibt Fehltritte außer Dir. Darum schenke mir Vergebung von Dir und Deine Barmherzigkeit. Du bist doch der Vergebende, der Barmherzige.

Gott, ich kehre um zu Dir von diesem Vergehen, und ich will niemals dahin zurückkehren.

Gott, Du bist der Vergebende und liebst die Vergebung, darum vergib mir.

Gebet für die Nacht der Macht nach Ahmad, Tirmidhi

Gott, Deine Vergebung ist größer als meine Vergehen, und ich hoffe mehr auf Deine Barmherzigkeit als auf mein Verhalten.

Gott, Du bist mein Schöpfer und Erhalter. Es gibt keinen Gott außer Dir. Du hast mich erschaffen, ich bin Dein Diener, und ich lebe gemäß meinem Bund mit Dir und dem Versprechen, das ich Dir gegeben habe, so gut ich kann. Ich suche Schutz bei Dir vor allem Bösen, das ich verursacht habe, und ich bekenne vor Dir alle Gnade, die Du mir geschenkt hast. Ich bekenne auch meine Fehltritte. Darum vergib mir. Niemand vergibt doch Fehltritte außer Dir.

Bukhari

Gott, ich bitte Dich um Vergebung für jede Sünde, die ich mit meinem Körper begangen habe, befähigt durch die Gesundheit, die Du mir gegeben hast; und für jede Sünde, die ich aufgrund Deiner Gnadenfülle erreichen konnte; und für jede Sünde, nach der sich meine Hand, gestärkt durch Deine Versorgung, ausstecken konnte; und ich versteckte mich vor den Menschen hinter Deinem Schleier; und während ich die Sünde beging, vertraute ich auf Deine Verheißung der Sicherheit; und ich suchte bei Deiner Freundlichkeit Schutz vor Deiner Strenge; und ich verlasse mich auf Dich, bei Deinem edlen Antlitz, auf Deine Vergebung.

Sende also Deinen Segen und Frieden über unseren Meister Muhammad und die Seinen und vergib meine Sünden, Bester der Vergebenden!

Gott, ich bitte Dich um Vergebung für jede Sünde, die mich zu Deinem Zorn ruft oder mich Deinem Missfallen näherbringt oder mich dem zuneigen lässt, was Du verboten hast, oder mich von der Glückseligkeit entfernt, zu der Du mich einlädst.

Sende also Deinen Segen und Frieden über unseren Meister Muhammad und die Seinen und vergib meine Sünden, Bester der Vergebenden!

Gott, ich bitte Dich um Vergebung für jede Sünde, die mich von dem Weg abgebracht hat, den Du mich geleitet hast, oder davon, das zu tun, wozu Du mich angeleitet hast, und das zu meiden, was Du mir verboten hast, oder davon, etwas zu tun, was Du mir angewiesen hast, das für mich Wohlergehen bedeutet hätte und einen Weg, Dein Wohlgefallen, Deine Liebe und Deine Nähe zu erlangen.

Sende also Deinen Segen und Frieden über unseren Meister Muhammad und die Seinen und vergib meine Sünden, Bester der Vergebenden!

Gott, ich bitte Dich um Vergebung für jede Sünde, die ich irgendeinem Deiner Geschöpfe vorgeworfen oder derentwegen ich es verurteilt habe, in die ich mich dann aber selbst hineingestürzt und sie schamlos vor Dir begangen habe.

Sende also Deinen Segen und Frieden über unseren Meister Muhammad und die Seinen und vergib meine Sünden, Bester der Vergebenden!

Gott, ich bitte Dich um Vergebung für jede Sünde, die mich eingeholt und in ihrem Griff gehalten hat, wenn ich einen Bund mit Dir geschlossen oder Dir ein Versprechen gegeben oder vor Dir ein Gelübde abgelegt hatte hinsichtlich einer Verantwortung für eins Deiner Geschöpfe und diese dann ohne jede Rechtfertigung gebrochen habe; es war tatsächlich mein Hochmut, der mich veranlasst hat, sie nicht zu erfüllen, und meine Unverschämtheit, die mich bewogen hat, diese Pflicht zurückzuweisen.

Sende also Deinen Segen und Frieden über unseren Meister Muhammad und die Seinen und vergib meine Sünden, Bester der Vergebenden!

Gott, ich bitte Dich um Vergebung für jede Sünde, die ich mit meiner Zunge gelobt oder die ich in meinem Herzen beabsichtigt habe oder an der ich Gefallen gefunden habe oder die von meiner Zunge befürwortet wurde oder die ich mit meinen Handlungen zustandegebracht oder mit meiner Hand geschrieben habe oder die ich auf irgendeine Weise begangen habe oder die ich einen Deiner Diener veranlasst habe zu begehen.

Sende also Deinen Segen und Frieden über unseren Meister Muhammad und die Seinen und vergib meine Sünden, Bester der Vergebenden!

Gott, ich bitte Dich um Vergebung für jede Sünde, die ich als geringfügig eingeschätzt habe, während Du sie als schwerwiegend einschätzt, die ich als klein eingeschätzt habe, während sie vor Dir entsetzlich ist, und in die mich meine eigene Unvernunft verstrickt hat.

Sende also Deinen Segen und Frieden über unseren Meister Muhammad und die Seinen und vergib meine Sünden, Bester der Vergebenden!

Gott, ich bitte Dich um Vergebung für jede Sünde, durch die ich eins Deiner Geschöpfe verleitet oder mit der ich eins von ihnen misshandelt habe, oder die mein niederes Selbst mir als attraktiv vorgegaukelt hat, oder auf die ich eine andere Person hingewiesen habe, oder zu der ich jemanden außer mir selbst angestiftet habe, oder auf der ich absichtlich beharrt habe oder an der ich aus Unvernunft starrsinnig festgehalten habe.

Sende also Deinen Segen und Frieden über unseren Meister Muhammad und die Seinen und vergib meine Sünden, Bester der Vergebenden!

Gott, ich bitte Dich um Vergebung für jede Sünde, die Du gegen mich registriert hast, sei es aufgrund meiner Verblendung oder meiner Unbescheidenheit oder meiner Begierde, mir Gehör zu verschaffen, oder meiner Boshaftigkeit oder meines Grolls oder meiner Treulosigkeit oder meines Stolzes oder meines Übermutes oder meiner übermäßigen Albernheit oder meines Starrsinns oder meines Neides oder meiner Unverschämtheit oder meiner Undankbarkeit oder meines Eifers für andere Sachen als die Deinige oder meiner Parteilichkeit oder meines Einverständnisses mit der Sünde oder meiner blinden Hoffnung oder meines extremen Geizes oder meiner freizügigen Ausgaben für die Sünde oder meiner Machtgier oder meiner ungerechtfertigten List oder aufgrund von Diebstahl, Lüge, übler Nachrede, sinnlosem Vergnügen, unsinnigem Reden, Verleumdung, nutzlosem Getändel oder irgend solcher Handlungen, die Sünde zur Folge haben und deren Ausführung Zerstörung und Trauer bewirkt.

Sende also Deinen Segen und Frieden über unseren Meister Muhammad und die Seinen und vergib meine Sünden, Bester der Vergebenden!

Gott, ich bitte Dich um Vergebung für jede Sünde, zu der ich mit meinen Füßen hingegangen bin oder nach der ich meine Hände ausgestreckt habe oder die ich mit meinen Augen genau beobachtet habe oder der ich mit meinen Ohren sorgfältig zugehört habe oder die ich mit meiner Zunge ausgesprochen habe oder für die ich den Unterhalt, mit dem Du mich versorgt hast, verschwendet habe. Dann, trotz meines Ungehorsams, habe ich Dich um mehr Unterhalt gebeten, und Du hast mich damit versorgt. Dann habe ich wiederum Deinen Unterhalt dazu benutzt, Dir ungehorsam zu sein, aber Du hast mich vor Bloßstellung geschützt. Und wiederum habe ich Dich um mehr gebeten, und Du hast es mir dennoch nicht vorenthalten. Dann, nachdem Du mir mehr gegeben hast, habe ich mich offen gegen Dich vergangen, aber Du hast mich nicht gedemütigt. Ich bin Dir so ständig ungehorsam gewesen, aber Du bist ständig gnädig und wohltätig mit mir umgegangen – Du Barmherzigster der Barmherzigen!

Sende also Deinen Segen und Frieden über unseren Meister Muhammad und die Seinen und vergib meine Sünden, Bester der Vergebenden!

Gott, ich bitte Dich um Vergebung für jede Sünde, die das Herz tötet und Sorge einflößt und die Gedanken vereinnahmt und dem Bösen gefällt und den Allbarmherzigen erzürnt.

Sende also Deinen Segen und Frieden über unseren Meister Muhammad und die Seinen und vergib meine Sünden, Bester der Vergebenden!

Al-Hasan al-Basri zugeschrieben

Bitte um Vergebung

Ich bitte Gott um Vergebung. Gott ist voller Großmut und Barmherzigkeit gegenüber jedem, der von seinen Verfehlungen umkehrt.

Ich bitte Gott um Vergebung für Fehltritte und Vergehen, für Sünden, Illusionen und falsche Erwartungen.

Ich bitte Gott um Vergebung für Stolz und Neid und für heuchlerisches Verhalten den Reichen gegenüber.

Ich bitte Gott um Vergebung für alle hässlichen Gedanken, die in Verbindung mit Eigendünkel und Selbstbewunderung auftreten.

Ich bitte Gott um Vergebung für allen Hass und Groll, und für alle Fehler und Schwächen, die ich mir früher nicht eingestehen wollte.

Ich bitte Gott um Vergebung für alle abscheulichen Reden, aber auch für mein Schweigen angesichts von Verleumdung und Unrecht.

Ich bitte Gott um Vergebung für Unaufrichtigkeit und Unehrlichkeit und alle Verblendung, die das Ich zur Nachlässigkeit treibt.

Ich bitte Gott um Vergebung für alle Fehler, durch die ich andere verletzt habe, und für die Rechte, die ich anderen vorenthalten habe.

Ich bitte Gott um Vergebung für Kenntnisse, die mich haben abweichen lassen vom rechten Weg, der zur Ehrfurcht führt …

Ich bitte Gott um Vergebung für Unwissenheit und Unvernunft und für alle Trägheit, die das Ich aus Überdruss überkommt.

Ich bitte Gott um Vergebung für Gedanken, die mich beschäftigt halten und unbeachtet durch Höhen und Tiefen treiben …

Ich bitte Gott um Vergebung, den Geber aller Gaben, als jemand, der Ihn fürchtet und selbst weder Kraft noch Macht hat.

Ich bitte Gott um Vergebung, Ihn, der jedem, der bei Ihm Schutz sucht, auf dem Weg des Wissens durch Seine Gaben Erkenntnis schenkt.

Ich bitte Gott um Vergebung, Ihn, der sich aller seiner Geschöpfe erbarmt, der unsichtbaren Wesen und Menschen ebenso wie der Engel und aller Ihm Nahestehenden …

Aus dem Diwan von Muhammad b. al-Habib

Klage und Anklage

Vor dem ewigen Richter kann man auch gegen Unrecht klagen, das man erlitten hat. Der Prophet warnte eindringlich vor der Klage Unterdrückter gegen ihre Peiniger, die Gott in Gerechtigkeit und Barmherzigkeit letztendlich für ihr Leid entschädigen wird. Auch gequälte Tiere dürfen vor Gottes Gericht klagen.

Mein Schöpfer und Erhalter, mein Volk betrachtet mich als Lügner. Richte Du also zwischen mir und ihnen recht und befreie mich und die Gläubigen, die bei mir sind.

Gebet Noahs in Surah 26:117–118

Und erinnere dich an Hiob, wie er bei seinem Herrn klagte: Unheil hat mich heimgesucht! Du bist aber doch der Barmherzigste der Barmherzigen!

Surah 31:83

Mein Schöpfer und Erhalter, stehe mir bei gegen Leute, die Unheil stiften.

Gebet Salihs in Surah 29:30

Unser Herr, richte zwischen uns und unserem Volk der Wahrheit entsprechend. Du bist doch der beste Richter!

Gebet Shu'aybs in Surah 7:89

Unser Schöpfer und Erhalter, bringe uns hinaus aus dieser Stadt, deren Leute Unterdrücker sind, und schicke uns von Dir her einen beschützenden Freund, und schicke uns von Dir her einen Beistand.

Surah 4:75

Gott, Schöpfer der Himmel und der Erde, der Du das Unsichtbare und das Sichtbare kennst! Du richtest zwischen Deinen Dienern in dem, worin sie uneinig sind.

Surah 39:46

Dir dienen wir

Glaube, Gottesdienst, Liebe

Der Wunsch, Gott zu dienen

Ich habe mein Angesicht dem zugewandt, der Himmel und Erde erschaffen hat, in Aufrichtigkeit, und ich gehöre nicht zu den Götzendienern.
Surah 6:79

Mein Gebet und mein Opfer und mein Leben und mein Tod sind für Gott, den Herrn der Welten, der keinen Partner hat. Dies wurde mir aufgetragen, und ich bin der erste der Gottergebenen.
Surah 6:162–163

Gott, Du bist der wahre König. Es gibt keinen Gott außer Dir. Du bist mein Herr, und ich bin Dein Diener. Ich habe Unrecht gegen mich selbst getan und bekenne meine Fehler. Vergib doch alle meine Fehler. Niemand vergibt doch Fehler außer Dir. Leite mich zu einem guten Charakter. Niemand leitet doch zu einem guten Charakter außer Dir. Und halte mich fern von allen schlechten Eigenschaften. Niemand hält doch von schlechten Eigenschaften fern außer Dir. Hier bin ich, voller Hoffnung. In Deiner Hand ist alles Gute, und Böses kann sich Dir nicht nahen. Mit Deiner Hilfe lebe ich. Segensreich und erhaben bist Du!
Muslim

Gott, ich suche Schutz bei Deinem Wohlgefallen vor Deinem Zorn und bei Deiner Vergebung vor Deiner Vergeltung. Ich suche Schutz bei Dir vor Dir. Ich kann Dein Lob nicht angemessen ausdrücken, denn Du bist so, wie nur Du allein Dein Lob angemessen ausdrücken kannst.

Muslim

Lob sei Dir, Gott! Du bist der Erhalter der Himmel und der Erde und aller, die darin sind. Lob sei Dir! Du bist das Licht der Himmel und der Erde und aller, die darin sind. Lob sei Dir! Du bist der König der Himmel und der Erde und aller, die darin sind. Lob sei Dir! Du bist wahr. Deine Verheißung ist wahr. Die Begegnung mit Dir ist wahr. Dein Wort ist wahr. Der Garten ist wahr. Das Feuer ist wahr. Die Propheten sind wahr. Muhammad ist wahr. Die Stunde des Gerichts ist wahr.

Gott, Dir bin ich ergeben, an Dich glaube ich, zu Dir wende ich mich. Mit Deiner Hilfe strebe ich, und an Dich wende ich mich um Entscheidung. Vergib mir also, was ich schnell voranbringe und was ich hinauszögere, was ich verborgen halte und was ich offenkundig mache, und auch alles, was Du besser weißt als ich. Du bist doch der, der schnell voranbringt und hinauszögert. Es gibt keinen Gott außer Dir, und es gibt keinen anderen Gott als Dich.

Bukhari, Muslim

Hier bin ich zu Deinen Diensten, Gott, hier bin ich! Du hast niemanden neben Dir; hier bin ich. Dir gebührt das Lob, und bei Dir ist die Fülle, und Dein ist die Herrschaft! Hier bin ich!

Anrufung bei der Pilgerfahrt; Bukhari, Muslim

Gott, Dir gebührt alles Lob, so, wie Du es ausdrückst, und besser, als wir es aussprechen könnten.

Gott, mein Gebet und mein Opfer und mein Leben und mein Sterben gehören Dir. Zu Dir kehre ich um, und Du, Gott, bist letztendlich mein Erbe. Gott, ich suche Schutz bei Dir vor dem Leid des Grabes und vor bösen Impulsen im Herzen und vor Verwirrung in meinen Angelegenheiten. Gott, ich bitte Dich um alles Gute, das mir zufällt, und suche Schutz bei Dir vor allem Bösen, das mir zufallen könnte.

Tirmidhi

Gott, erweise mir die Barmherzigkeit, dass Du mir hilfst, alle Sünden zu meiden, solange Du mich leben lässt, und erweise mir Barmherzigkeit, dass Du mich nicht abweichen lässt zu Dingen, die mich nichts angehen, und schenke mir die schöne Erfahrung, dass Du mit mir zufrieden bist.

Tirmidhi

Gott, leite mich zu rechtem Glauben, denn er bestimmt meine Angelegenheiten. Leite mich zu rechtem Leben in der Welt, denn in ihr liegt mein Lebensunterhalt. Leite mich recht zum zukünftigen Leben, denn dahin ist meine Heimkehr. Mache mein Leben zu einem Grund, auf dem sich alle meine rechten Handlungen vermehren, und mache meinen Tod zu einer Befreiung von allem Übel.

Muslim

Gott, schenke uns rechte Ehrfurcht, durch die Du uns gegen Sünden Dir gegenüber abschirmst, und die Neigung, Dir zu gehorchen, durch die Du uns Deinen Garten erreichen lässt, und eine feste Gewissheit, durch die Du uns unsere irdischen Heimsuchungen erleichterst. Lass uns unsere Augen, unsere Ohren und unsere Kraft genießen, solange du uns leben lässt, und lass sie über unser Leben hinaus wirken. Erlaube uns, uns gegen die zu wehren, die uns unterdrücken. Stehe uns bei gegen diejenigen, die uns anfeinden. Lass nicht Unglück unseren Glauben schmälern. Lass nicht zu, dass die Welt uns viele Sorgen bereitet oder dass sie unsere Weisheit einschränkt. Lass nicht jemanden Macht über uns erlangen, der keine Barmherzigkeit kennt.

Tirmidhi

Gott, lass mir das Wissen, das du mich lehrst, nützlich sein, und lehre mich das, was nützlich für mich ist, und lass mein Wissen zunehmen. Lob sei Gott in allen Lebenslagen – und ich suche Gottes Schutz vor der Lebenslage der Bewohner des Feuers!

Tirmidhi, Ibn Majah

Gott, ich bitte Dich um Liebe zu Dir und die Liebe zu dem, der Dich liebt, und um eine Lebensweise, die mich Deiner Liebe näherbringt. Gott, lass Deine Liebe mir lieber sein als mich selbst, mein Eigentum, meine Angehörigen und frisches Wasser.

Tirmidhi

Gott, Du kennst das Verborgene und hast Macht über alle Schöpfung. Lass mich leben, solange Du meinst, dass Leben besser für mich ist, und lass mich sterben, sobald Du meinst, dass Sterben besser für mich ist. Gott, ich bitte Dich um rechte Achtsamkeit vor Dir, sowohl im privaten als auch im öffentlichen Leben. Ich bitte Dich darum, dass Du mich die rechten Worte sprechen lässt, ob ich fröhlich bin oder zornig. Ich bitte Dich darum, das rechte Maß halten zu können, sowohl in Armut als auch im Wohlstand. Ich bitte Dich um Freude, die nicht endet, und Trost, der nicht abreißt, und um Zufriedenheit mit dem, was Du beschlossen hast. Ich bitte Dich um Frieden im Leben nach dem Tod, um die Glückseligkeit, Dein Angesicht sehen zu dürfen, und um die Sehnsucht danach, Dir zu begegnen, ohne Kummer und Schmerz und ohne Prüfung und Heimsuchung. Gott, schmücke uns mit dem Schmuck des Glaubens, und mache uns zu Menschen, die recht leiten und recht geleitet sind.

Nasa'i

Das »Leise Gebet des Gott Gehorsamen«

Im Namen Gottes, des Erbarmers, des Barmherzigen.

Gott, mache uns den Gehorsam Dir gegenüber zu einer inneren Verpflichtung und hindere uns daran, Dir ungehorsam zu werden. Mache es uns leicht, unseren größten Herzenswunsch darin zu sehen, Dein Wohlgefallen zu erlangen.

Lass uns an die Wohnstätte der Glückseligkeit in Deinem Garten gelangen und ziehe die dichten Wolken des Zweifels von unserem Blick hinweg; nimm den Schleier der Illusion von unserem Herzen und lass die Unwahrheit aus unserem Gewissen verschwinden, denn Zweifel und bloße Vermutungen sind Samen der Verwirrung, die Deine Gaben trüben.

Gott, trage uns auf den Schiffen Deiner Rettung und lass uns den Wohlgeschmack des Gebets zu Dir genießen. Gib uns aus dem Becher Deiner Liebe zu trinken und lass uns den süßen Trost Deiner Nähe spüren.

Lass uns auf Deinen Wegen bemüht sein und im Gehorsam Dir gegenüber streben. Lass unser Handeln und Planen allein auf Dich ausgerichtet sein. Denn durch Dich sind wir im Dasein, Dir gehören wir an, und wir haben keinen Weg zu Dir außer durch Dich.

Gott, lass mich zu den Guten gehören, zu den Erwählten, zu den Tugendhaften und zu den Rechtschaffenen, die auf dem Weg zu Dir wetteifern und stets zu guten Handlungen bereit sind, zu denen, die sich für das dauerhafte Gute einsetzen und auf ein hohes Ansehen vor Dir bedacht sind. Du hast doch Macht über alle Dinge und kannst auch unsere Gebete erhören – um Deiner Barmherzigkeit willen, Barmherzigster derer, die Barmherzigkeit erweisen!

Sehnsucht und Liebe zu Gott

Gott, schenke mir Liebe zu Dir und Liebe zu denen, deren Liebe mir vor Dir nützlich ist. Gott, lass alles, was Du mir von dem schenkst, was ich liebe, eine Quelle der Kraft für das sein, was Du liebst. Gott, lass alles, was Du von dem von mir abwendest, was ich liebe, eine Befreiung sein von dem, was Du nicht liebst.
Tirmidhi

Das Antlitz des Geliebten erschien
und erstrahlte zur Morgenzeit.

Sein Licht drang in mein Herz,
und ich verneigte mich in Ehrfurcht.

Er sprach: »Steh auf und bitte mich um etwas.
Du sollst alles bekommen, was du dir wünschst.«

Ich antwortete: »Du, Du bist meine Genüge.
Ohne Dich kann ich nicht leben.«

Er sprach: »Gute Nachrichten für dich, Mein Diener!
Erfreue dich also an der Vision.

Du bist ein Schatz für meine Diener.
Du bist ein Erinnerungsmal für die Menschheit.

Alles Gute und alles Schöne
im Menschen wurzelt doch in Mir.

Die Attribute Meines Wesens waren doch verborgen,
aber sie offenbaren sich in den Spuren der Schöpfung.

Das ganze geschaffene Dasein ist Sinn,
der bildlich Gestalt annimmt.

Jeder, der dieses begreifen kann,
gehört zu den Verständigen.

Wer von Uns abgetrennt ist,
schmeckt nicht die Süßigkeit des Lebens.«

Unser Herr, segne den,
dessen Licht sich über die ganze Menschheit ausbreitet.
Diwan Muhammad b. Al-Habib

Ich fragte mein Herz nach der Nähe meines Herrn,
und es sagte: »Kein Zweifel, Er ist hier gegenwärtig.«

Ich fragte: »Was ist dann mit mir, dass ich Ihn nicht sehe?«
Da sagte es zu mir: »Er wird in dir offenbar.«

Ich sagte: »Das ist eine seltsame Sache!
Wie kann Er denn verborgen sein, wenn Sein Licht so strahlt?«

Es sagte: »Die Illusion ist der Schleier,
und dieser überkommt alle Lebewesen.

Aber derjenige, der zu den Erwählten gehört,
kann sich durch sein inneres Geheimnis der Illusion entziehen.

Er reist als ein Geist ohne Körperschwere
und erlebt seinen Herrn durch seine innere Schau.

Das Ziel dieser Reise liegt in der Erfahrung
der göttlichen Gegenwart ohne einen Schleier.

Es gibt also weder Handeln noch Sein
ohne Gott bei den Großen.

Wer dieses Geheimnis absichtlich ausplaudert,
ohne Bevollmächtigung, der wird getadelt.«

Herr, öffne unseren inneren Blick
und erleuchte unser Herz und unser Inneres.

Segne auch den Propheten,
solange es Liebe gibt und Reisende unterwegs sind,

und alle seine Angehörigen und Gefährten,
solange jemand, von Sehnsucht getrieben, zu Gott fliegt.
Diwan Muhammad b. al-Habib

Meine Seele spricht zu mir und sagt: »Meine Wirklichkeit
ist von Gottes Licht. Sieh also nicht etwas anderes als Ihn.

Wenn ich nicht Licht wäre, dann wäre ich Ihm fremd.
Was Ihm fremd ist, ist Nichtsein, darum gib dich nicht
damit zufrieden.

Wenn du mit dem Auge deines inneren Geheimnisses
schaust, findest du nichts
außer dem Göttlichen auf Erden und im Himmel.

Nur die Illusion von dem, was Ihm fremd ist, verbirgt Ihn.
Lege also deine niederen Begierden ab, wenn du Ihn sehen willst.

Steige ein in das Schiff des prophetischen Beispiels, um gerettet zu werden,
und reise auf dem Weg seines Kapitäns im Wind seiner Liebe.

Verbinde den Wein mit seinem Becher und gehe darin auf –
du wirst fortbestehen durch Sein Geheimnis und Seine Erhabenheit.

Erkenne mit dem Auge der inneren Schau Seine Einheit,
aber vergiss nicht, dass Unterscheidung Sein Gesetz ist.

Vereine deine Sehnsucht und dein Verlangen –
dadurch werden alle Ziele erreicht, und du trittst ein in Seinen Schutz.

Lege deine Angelegenheiten in die Hand dessen, der es besser weiß,
denn Er kennt jedes Herz und jeden Herzenswunsch.«

Gott, segne den Propheten Muhammad,
das Geheimnis der Existenz, ihre Wurzel und ihre Zierde.
Diwan Muhammad b. Al-Habib

Warum seufzt du, Wasserrad? Weil ich leide, muss ich seufzen.
Bin in meinen Herrn verliebt. Eben darum muss ich seufzen.

Ich bin das Rad der Schmerzen. Klares Wasser lass ich
fließen.
Ein Gebot von meinem Schöpfer. Eben darum muss ich
seufzen.

Im Gebirge fanden sie mich, schnitten Arme ab und Flügel,
machten mich zum Wasserrad. Eben darum muss ich
seufzen.

Aus dem Holz des Bergbaums bin ich. Weder süß bin ich
noch bitter.
Bin ein Betender vor Gott nur. Eben darum muss ich
seufzen.

Alle Äste abgeschnitten, kann mich niemand mehr erkennen.
Unablässig muss ich singen. Eben darum muss ich seufzen.

Tischler haben mich zerschnitten, alle Teile neu geordnet.
Dieses Seufzen kommt von Gott her. Eben darum muss ich
seufzen.

Wasser hol ich aus der Erde, drehe mich und schütt es aus.
Seht, wie viel ich tragen kann. Eben darum muss ich
seufzen.

Yunus, niemand kennt das Glück. Die Sehnsucht bleibt
unerfüllt.
Niemand kehrt wieder. Eben darum muss ich seufzen.

Yunus Emre

Das »Leise Gebet der Liebenden«

Im Namen Gottes, des Erbarmers, des Barmherzigen.

Mein Gott, wer könnte die Süßigkeit Deiner Liebe schmecken und doch einen anderen als Dich begehren? Wer könnte den Trost Deiner Nähe spüren und doch ein anderes Ziel als Dich anstreben?

Mein Gott, mache uns zu denen, die Du für Deine Nähe und Dein Wohlgefallen erwählt hast; die Du nach Deinem Wunsch und für Deine Liebe geläutert hast; in denen Du die Sehnsucht nach der Begegnung mit Dir geweckt hast; denen Du Zufriedenheit mit Deinem Beschluss geschenkt hast; denen Du erlaubt hast, Dein Antlitz zu erkennen; denen Du Dein Wohlgefallen geschenkt und die Du nicht sich selbst überlassen und von denen Du Dich nicht abgewendet hast; für die Du einen Platz auf dem Sitz der Wahrheit in Deiner Nähe bereitgehalten hast; die Du mit Deiner Erkenntnis bevorzugt hast; denen Du die Fähigkeit verliehen hast, Dir zu dienen; deren Herzen Du mit Liebe zu Dir und Hingabe an Dich erfüllt hast; die Du für deinen Anblick ausersehen hast; deren Streben Du allein auf Dich gezogen hast; deren Herzen Du von allem außer Deiner Liebe entleert und in denen Du die Sehnsucht nach dem, was bei Dir ist, erweckt hast; denen Du eingegeben hast, Deiner stets zu gedenken; die Du dazu angehalten hast, Dir stets dankbar zu sein; die Du ausschließlich im Gehorsam Dir gegenüber beschäftigt hast; die Du zu Deinen guten Geschöpfen gemacht hast; die Du für das Gebet zu Dir erwählt hast; die Du von allem befreit hast, was sie von Dir trennen könnte.

Gott, mache uns zu denen, die stets Gnade vor Dir finden, die sich ständig nach Dir sehnen und darum klagen und seufzen. Ihre Stirn liegt auf dem Boden in der Verneigung vor Deiner Erhabenheit; ihre Augen sind schlaflos in Deinem Dienst; ihre Tränen fließen aus Ehrfurcht vor Dir; ihre Seelen sind berührt von Deiner Liebe; ihre Herzen erbeben in Ehrfurcht vor Dir.

Du, dessen Licht der Heiligkeit für die Augen derer ungetrübt ist, die Dich lieben, und dessen Angesicht, strahlenden Perlen gleich, denen sichtbar ist, die sich nach Dir sehnen!

Du Herzenswunsch der Sehnsüchtigen und höchste Hoffnung der Liebenden, ich bitte Dich: Schenke mir Liebe zu Dir und Liebe zu jedem, der dich liebt, und Liebe zu jeder Handlung, die mich Dir näherbringt. Mache mich zum Liebenden vor allem anderen, und lass mich durch meine Liebe zu Dir Dein Wohlgefallen erlangen, und schütze mich durch meine Sehnsucht nach Dir vor Ungehorsam Dir gegenüber. Schenke mir die Gnade, Dich schauen zu dürfen, und schaue mich in Liebe und Freundlichkeit an. Wende Dein Angesicht nicht von mir ab, sondern lass mich zu denen gehören, die Glück und Seligkeit bei Dir finden. Du Erhörender, Du Barmherzigster aller, die Barmherzigkeit erweisen.

Ali b. al-Husayn Zayn al-'Âbidîn

Gott, setze Licht in mein Herz, Licht in meine Augen, Licht in meine Ohren, Licht zu meiner Rechten, Licht zu meiner Linken, Licht über mich, Licht unter mich, Licht vor mich, Licht hinter mich, und mache mich zu Licht. Und setze Licht in meine Zunge, Licht in meine Sehnen, Licht in mein Fleisch, Licht in mein Blut, Licht in mein Haar, Licht in meinen Körper und Licht in meine Seele, und mehre für mich das Licht. Gott, schenke mir Licht.

Bukhari, Muslim

Und Dich rufen wir um Hilfe an

Bittgebete zu verschiedenen Anlässen

Allgemeine Bitten

Mein Schöpfer und Erhalter, lass meinen Eingang einen guten Eingang sein und lass meinen Ausgang einen guten Ausgang sein und gib mir von Dir her eine helfende Kraft.
Surah 17:79

Es gibt keinen Gott außer Gott, dem Langmütigen, dem Großzügigen. Verherrlicht ist Gott, der Herr des herrlichen Throns. Lob sei Gott, dem Herrn der Welten. Ich bitte Dich um die Grundlagen dafür, Deine Barmherzigkeit zu erlangen, und die Mittel, Deine Vergebung zu erlangen, und den Überfluss von allen guten Handlungen, und um Sicherheit vor allen Vergehen. Lass keine meiner Sünden ohne Vergebung, und lass keines meiner Bedürfnisse, mit dem Du einverstanden bist, unerfüllt. Du bist doch der Barmherzigste derer, die Barmherzigkeit erweisen.
Tirmidhi, Ibn Majah

Gott, ich bitte Dich um Sicherheit und Frieden in dieser Welt und im zukünftigen Leben. Gott, ich bitte Dich um Vergebung und um Sicherheit in meinem Glauben, in meinen weltlichen Angelegenheiten, in meinem Familienleben und in meinem Eigentum. Gott, bedecke meine Schwächen und schenke mir Sicherheit vor meinen Sorgen. Gott, schütze mich von vorn und von hinten, von rechts und von links und auch von oben, und bewahre mich davor, dass ich von unten her erschüttert werde.

Abu Dawud

Bei Naturereignissen

Bei langer Trockenheit:

Gott, gib Deinen Dienern und den Tieren zu trinken. Breite Deine Barmherzigkeit aus. Belebe Deine tote Erde.

Abu Dawud

Gott, schicke uns Regen, dass wir trinken, zur Erquickung, zum Benetzen, zur Vermehrung, zur Fruchtbarkeit – nützlichen, wohltätigen, baldigen Regen, ohne Verzögerung.

Abu Dawud

Lob sei Gott, dem Schöpfer und Erhalter der Welten, dem Erbarmer, dem Barmherzigen, dem Meister des Gerichtstages. Es gibt keinen Gott außer Gott. Er verwirklicht, was Er will.

Gott, Du bist Gott, außer dem es keinen Gott gibt. Du bist reich, und wir sind bedürftig. Sende reichlichen Regen zu uns nieder, so dass er für uns eine Quelle der Kraft und des Wohlstandes wird.

Abu Dawud

Bei Regen:

Gott, (lass diesen Regen) reichlich und nützlich (sein).
Abu Dawud

Bei Gewitter:

Preis sei Ihm, dessen Lob der Donner verkündet und auch die Engel in Ehrfurcht vor Ihm.
Malik

Bei Sturm und Wind:

Gott, wir bitten Dich um Gutes von diesem Wind, um das Gute dessen, das darin ist, und um das Gute dessen, womit er beauftragt ist, und wir suchen Schutz bei Dir vor dem Schlechten in diesem Wind, vor dem Schlechten dessen, was in ihm ist, und vor dem Schlechten dessen, womit er beauftragt ist.
Bukhari, Muslim

Gott, lass diesen Wind einen Segen sein, keine Strafe; Gott, lass ihn einen segensreichen Wind sein, keinen Fluch.
Baihaqi

In Zeiten von Not und Schwierigkeiten

Mein Schöpfer und Erhalter, baue mir ein Haus in Deiner Gegenwart im Garten und befreie mich von Pharao und seinen Machenschaften und befreie mich von den Ungerechten.

Gebet von Pharaos Frau, die Mose aufzog, in Surah 66:11

Gott, ich suche Schutz bei Dir vor Angst und Sorgen, vor Schwäche und Trägheit, vor Geiz und Feigheit, vor der Last von Schulden und davor, von Menschen überwältigt zu werden.

Abu Dawud

Gott, du kennst und siehst meine Lage und hörst, was ich sage. Du kennst doch alle meine Geheimnisse und das, was ich offen zum Ausdruck bringe, und nichts von mir ist vor Dir verborgen. Ich bin nur ein armer, bedürftiger Bittender, der Hilfe und Schutz sucht. Voller Furcht und Sorgen bekenne ich meine Unzulänglichkeit. Ich bitte Dich als ein Verzweifelnder. Ich flehe Dich an als ein niedriger Sünder. Ich rufe zu Dir, so wie ein Blinder ruft, dessen Nacken vor Dir gebeugt ist, dessen Augen vor Dir Tränen vergießen, dessen Körper nach Dir dürstet, dessen Nase sich an Dich hängt. Gott, mein Herr, enttäusche mich nicht in meinem Gebet zu Dir, und sei Du zu mir gnädig und barmherzig! Du Bester aller derer, die angerufen werden! Du Vorzüglichster aller derer, die geben! Du bist der Barmherzigste derer, die Barmherzigkeit erweisen. Lob sei Gott, dem Herrn der Welten!

Tabarani

Bei einer erschreckenden Nachricht oder Erfahrung:

Wir gehören Gott an, und zu Ihm kehren wir zurück. Gott, bei Dir liegt die Rechnung für meine Schwierigkeit, darum gib mir meinen Lohn dafür und gib mir dafür Gutes.

Gott gehört das, was Er genommen hat, und Gott gehört das, was Er gegeben hat, und alles hat bei Ihm seine Zeit.

Bei Angst vor Tyrannen und Unterdrückern:

Gott, sei unsere Genüge gegen sie nach Deinem Willen. Gott, ich setze Dich als Schild gegen sie, und ich suche Schutz bei Dir vor ihren Übeln.

Ahmad, Abu Dawud

Um Beständigkeit:

Unser Herr, vergib uns unsere Fehltritte und unsere Versäumnisse in unseren Angelegenheiten und festige unsere Schritte und hilf uns gegen diejenigen, die die Wahrheit leugnen.

Surah 3:147

Bei Schwierigkeiten und Problemen:

Gott ist meine Genüge. Es gibt keinen Gott außer Ihm. Auf Ihn vertraue ich, und Er ist der Herr des mächtigen Thrones.

Surah 9:129

Bei Schulden

Gott, gib mir Genüge in dem, was erlaubt ist, und bewahre mich durch Deine Gnade davor, von anderen abhängig zu sein.

Tirmidhi

Gott, Herr des Himmels, Herr der Erde und Herr aller Dinge! Du lässt das Getreidekorn und den Dattelkern keimen. Du hast die Torah, das Evangelium und den Qur'an offenbart. Ich suche Schutz bei Dir vor dem Übel eines jeglichen Übeltäters, der in Deiner Hand ist. Du bist der Erste – es gibt nichts vor Dir. Du bist der Letzte – es gibt nichts nach Dir. Du bist der äußerlich Erkennbare – es gibt nichts über Dir. Du bist der innerlich Verborgene – es gibt nichts neben Dir. Erleichtere mich von meinen Schulden und befreie mich aus meiner Not.

Abu Dawud, Tirmidhi

Gott, ich suche Schutz bei Dir vor Unglauben und Schulden!

Nasa'i

Bei störenden schlechten Gedanken und Impulsen

Ich suche Schutz bei Gott vor der Macht des Bösen. Ich glaube an Gott und Seinen Gesandten.

Bei Zorngefühlen:

Ich suche Schutz bei Gott vor der verworfenen Macht des Bösen.

Bukhari, Muslim

Bei Ängsten und Befürchtungen:

Gott, niemand gibt Gutes außer Dir, und niemand nimmt Schlechtes weg außer Dir, und es gibt weder Macht noch Kraft außer bei Dir.

Bei Angst vor schlechten Einflüssen:

Im Namen Gottes. Gott, nimm die Hitze des Bösen hinweg und seine Kälte und seinen Schmerz.

Bei Niedergeschlagenheit und Mutlosigkeit:

Mein Herr, ich suche Schutz bei Dir vor den Einflüsterungen böser Mächte und ich suche Schutz bei Dir davor, Herr, dass sie sich mir nähern.

Surah 23:97–98

Gott, ich bin Dein Diener, der Sohn (die Tochter) Deines Dieners und Deiner Dienerin. Ich bin in Deiner Hand, und Du bist der, der mir gebietet. Dein Urteil ist gerecht. Ich bitte Dich bei jedem Namen, den Du trägst, und bei jedem Namen, mit dem Du Dich selbst benannt hast oder den Du in Deinen heiligen Schriften offenbart hast oder den Du irgendeins Deiner Geschöpfe gelehrt hast oder den Du als eins Deiner heiligen Geheimnisse bewahrt hast, dass Du den Qur'an zur Quelle machst, die den Durst meines Herzens stillt und meine Trauer und Sorge vertreibt.

Mishkat al-Masabih

Gott, ich hoffe auf Deine Barmherzigkeit. Darum überlasse mich nicht mir selbst, auch nicht für einen Augenblick, und richte alle meine Angelegenheiten recht. Es gibt doch keinen Gott außer Dir.

Abu Dawud

Bei Angst vor dem Tod:

Es gibt keinen Gott außer Gott, und Gott ist größer. Es gibt keinen Gott außer Gott, dem Einzigen. Es gibt keinen Gott außer Gott, der keinen Partner hat. Es gibt keinen Gott außer Gott, und Ihm gebührt die Herrschaft und das Lob. Es gibt keinen Gott außer Gott, und es gibt keine Macht und keine Kraft außer bei Gott.

Um Heilung und Schutz vor Krankheit

Im Namen Gottes. Ich suche Schutz bei Gott und Seiner Macht vor allem Übel, das ich antreffe und das ich befürchte.

Muslim

Beseitige diesen Schaden, Schöpfer und Erhalter der Menschen. Du bist doch der Heiler, es gibt keine Heilung außer Deiner Heilung. Schenke eine Heilung, die keine Krankheit mehr zurücklässt.

Bukhari, Muslim

Unser Schöpfer und Erhalter, Gott, der Du im Himmel wohnst, geheiligt sei Dein Name. Bei Dir liegt die Entscheidung im Himmel und auf Erden. So wie im Himmel Deine Barmherzigkeit herrscht, so lass Deine Barmherzigkeit auch auf Erden herrschen. Vergib uns unsere Fehler und Versäumnisse. Du bist der Herr der Rechtschaffenen. Sende etwas von Deiner Barmherzigkeit nieder und etwas von Deiner heilenden Kraft gegen diese Krankheit.

Tirmidhi

Im Namen Gottes, des Großen! Ich suche Schutz bei Gott, dem Erhabenen, vor dem Übel jeder verletzter Blutader und vor dem Übel der Hitze des Feuers (die Fieber bewirkt).

Tirmidhi

Gott, schenke mir einen gesunden Körper. Gott, schenke mir ein gesundes Gehör. Gott, schenke mir gesunde Augen, dass ich sehe. Es gibt keinen Gott außer Dir.

Abu Dawud

Das »Leise Gebet der Hoffenden«

Im Namen Gottes, des Erbarmers, des Barmherzigen.

Du, der Du Deinem Diener das schenkst, worum er Dich bittet; der Du ihm erfüllst, was er von Dir erhofft! Wenn er sich zu Dir wendet, nimmst Du ihn in Deine Nähe auf. Wenn er Dir gegenüber ungehorsam war, verhüllst Du seine Sünde und bedeckst sie. Wenn er auf Dich vertraut, bist Du seine Genüge, und er braucht sich keinem anderen zuzuwenden.

Mein Gott, kann es jemanden geben, der als Gast zu Dir kommt mit der Bitte um Deine Fürsorge, und Du würdest ihn nicht freundlich aufnehmen? Kann es jemanden geben, der an Deine Tür klopft in der Hoffnung, seine Not zu stillen, und Du würdest ihn nicht aus Deiner Gnadenfülle reich beschenken? Könnte es wohl sein, dass ich von Deiner Tür abgewiesen werde und enttäuscht umkehren muss, wo ich doch keinen Herrn kenne außer Dir, der für seine Güte so sehr gelobt und gepriesen wird?

Wie könnte ich meine Hoffnung auf einen anderen richten, wenn doch alles Gute in Deiner Hand liegt? Wie könnte ich etwas von jemandem außer Dir erwarten, wo doch Schöpfung und Bestimmung bei Dir sind? Sollte ich wohl meine Hoffnung auf Dich aufgeben, wo Du mir doch von Deiner Gnadenfülle gegeben hast, ohne dass ich Dich darum gebeten hätte? Könntest Du mich denn von einem anderen, der mir gleich ist, abhängig werden lassen, wo ich doch an Deinem Seil festhalte?

Du, bei dem alle, die sich an Ihn wenden, glückselig in Seiner Gnade wohnen, und vor dessen Zorn alle bewahrt werden, die Ihn um Vergebung bitten! Wie könnte ich Dich vergessen, wo Du doch immer an mich denkst? Wie könnte ich mich von Dir abwenden lassen, wo Du mich doch gnädig anschaust?

Mein Gott, meine Hand hält den Saum Deiner Großzügigkeit fest und hat den Beutel meiner Hoffnung vor Deinen Gaben geöffnet. Lass mich doch zu denen gehören, die Dir allein dienen, und zu einem Deiner erwählten Diener!

Du, bei dem jeder Schutzsuchende Schutz findet und auf den jeder Arme hofft! Du bist der Beste, auf den sich die Hoffnung richtet, der Großmütigste, den man um Hilfe anrufen kann, der keinen Bittenden abweist und keinen Hoffenden enttäuscht.

Du, dessen Tür für den Bittenden immer offen ist, der sich nicht vor einem Hoffenden verbirgt! Bei Deiner Gnade bitte ich Dich, dass Du mir von Deinen Gaben schenkst, so dass sich meine Augen daran freuen können und meine Seele dadurch getröstet wird. Schenke mir Glaubensgewissheit, so dass mir die Herausforderungen des irdischen Lebens geringfügig erscheinen und der Schleier der Blindheit von meinen Augen gezogen wird – bei Deiner Barmherzigkeit, Barmherzigster aller, die Barmherzigkeit erweisen!

Schutzgebete

Sprich: Ich suche Schutz beim Herrn der Morgendämmerung vor dem Übel in dem, was Er erschaffen hat, und vor dem Übel der Finsternis, wenn sie hereinbricht, und vor dem Übel derer, die Magie betreiben, und vor dem Übel des Neiders, wenn er beneidet.

Surah 113

Sprich: Ich suche Schutz beim Herrn der Menschen, beim König der Menschen, beim Gott der Menschen, vor dem Übel des schleichenden Flüsterers, der Böses in die Herzen der Menschen flüstert, durch verborgene Mächte und durch Menschen.

Surah 114

Gott, ich suche Schutz bei Dir vor Mangel, Not und Schmach. Ich suche auch Schutz bei Dir davor, dass ich Unrecht erleide oder anderen Unrecht zufüge.

Abu Dawud

Gott, ich suche Schutz bei Dir vor Zweifel, Heuchelei und einem schlechten Charakter.

Abu Dawud

Gott, ich suche Schutz bei Dir vor Hunger, denn er ist ein schlimmer Gefährte. Ich suche auch Schutz bei Dir vor Treulosigkeit, die viel Böses bewirkt.

Abu Dawud, Ibn Majah

Gott, ich suche Schutz bei Dir vor schlechten Charaktereigenschaften und bösen Handlungen und Begierden.

Tirmidhi

Gott, ich suche Schutz bei Dir vor Begehrlichkeit, die das Herz verhärtet.

Ahmad

Das »Leise Gebet des Schutzsuchenden«

In Namen Gottes, des Erbarmers, des Barmherzigen.

Gott, Zuflucht der Zufluchtsuchenden, Schutz der Schutzsuchenden, Retter der Untergehenden, Hüter der Armen und Schwachen, Gnädiger gegenüber den Demütigen, Erhörer der Bedrückten, Schatz der Bedürftigen, Heiler der Gebrochenen, Heim der Einsamen, Beistand der Entrechteten, Beschützer der in Angst Lebenden, Erlöser der Besorgten, Burg der Fliehenden!

Wo sollte ich Schutz suchen, wenn nicht bei Deiner Stärke? Bei wem sollte ich Zuflucht nehmen, wenn nicht bei Deiner Macht? Meine Sünden haben mich so weit gebracht, dass ich mich am Zipfel Deiner Vergebung festhalte. Meine schlechten Handlungen haben mich in Not gebracht, so dass ich an die Tür Deiner Vergebung bitten muss. Meine Vergehen haben mich dazu gebracht, dass ich im Vorhof Deiner Würde auf Dich warte. Die Furcht vor Deinem Zorn lässt mich am Band Deiner Gnade festhalten. Denn wer sich an Deinem Band festhält, verdient es nicht, enttäuscht zu werden. Und wer Zuflucht bei Deiner Macht sucht, verdient es nicht, sich selbst überlassen oder im Stich gelassen zu werden.

Mein Gott, versage uns nicht Deinen Schutz und entziehe uns nicht Deine Zuwendung. Halte uns fern von den Wegen zum Untergang, denn wir leben vor Deinen Augen und stehen unter Deinem Schutz.

Ich bitte Dich also bei Deinen nahestehenden Engeln und den Rechtschaffenen unter Deinen Geschöpfen: Breite über uns einen Schutzschirm aus, der uns von allem Bösen fernhält und uns vor grausamen Unglücksfällen schirmt.

Lasse die Ruhe Deiner Gegenwart auf uns herniederkommen. Hülle unsere Gesichter in die Strahlen Deiner Liebe. Schenke uns den Schutz Deiner mächtigen Burg und nimm uns auf in die Festung Deiner Fürsorge – bei Deiner Güte und Barmherzigkeit, Barmherzigster aller, die Barmherzigkeit erweisen!

Die große Rüstung

Schutzgebet gegen Ängste und spirituelle Gefahren aller Art

Mein Gott, ich rufe Dich durch Deine Namen an:
Gott,
Du Barmherziger,
Du Erbarmer,
Du Wissender,
Du Langmütiger,
Du Herrlicher,
Du Weiser,
Du Anfangsloser,
Du Erhaltender,
Du Großzügiger –
verherrlicht bist Du, außer dem es keinen Gott gibt. Hilf!
Hilf! Befreie uns vom Feuer, unser Herr! …

Du, dessen Größe sich alles unterwirft,
Du, dessen Macht sich alles unterordnet,
Du, vor dessen Ehre sich alles demütigt,
Du, dessen Würde alles respektiert,
Du, dessen Herrschaft sich alles fügt,
Du, vor dem sich in Ehrfurcht alles beugt,

Du, vor dem sich aus Furcht die Berge spalten,
Du, dessen Gebot die Himmel aufrechterhält,
Du, durch dessen Erlaubnis die Erde bestehen bleibt,
Du, der Du die Bewohner Deines Reiches nicht ungerecht behandelst,
verherrlicht bist Du, außer dem es keinen Gott gibt. Hilf! Hilf! Befreie uns vom Feuer, unser Herr! ...

Du mein Helfer in der Not,
Du meine Hoffnung im Leid,
Du mein Vertrauter in der Einsamkeit,
Du mein Gefährte in der Fremde,
Du, der Du mich glücklich machst,
Du, der Du meine Sorgen vertreibst,
Du, der Du mich im Elend unterstützest,
Du meine Zuflucht im Unglück,
Du mein Beistand in meiner Furcht,
Du mein Wegweiser in meiner Ratlosigkeit,
verherrlicht bist Du, außer dem es keinen Gott gibt. Hilf! Hilf! Befreie uns von Feuer, unser Herr!

Du, der Du das Verborgene kennst,
Du, der Du die Sünden vergibst,
Du, der Du Schwächen bedeckst,
Du, der Du Sorgen vertreibst,
Du, der Du Herzen schmückst,
Du, der Du Herzen erleuchtest,
Du, der Du Herzen heilst,
Du, der Du von den Herzen geliebt wirst,
Du, dem die Herzen vertrauen,
verherrlicht bist Du, außer dem es keinen Gott gibt. Hilf! Hilf! Befreie uns vom Feuer, unser Herr! ...

Du Wegweiser der Verwirrten,
Du Zuflucht der Zufluchtsuchenden,
Du Beistand der um Hilfe Rufenden,
Du Schutz der Schutzsuchenden,
Du Zuflucht der Ungehorsamen,
Du, der Du den Sündern Vergebung schenkst,
Du, der Du den Furchtsamen Sicherheit gibst,
Du, der Du den Schwachen Barmherzigkeit erweist,
Du Vertrauter der Einsamen,
Du, der Du dem Ruf derer, die in Not sind, antwortest,
verherrlicht bist Du, außer dem es keinen Gott gibt. Hilf!
Hilf! Befreie uns vom Feuer, unser Herr! ...

Du Befreier von Sorgen,
Du Beseitiger des Leids,
Du Vergeber von Sünden,
Du, der Du Reue annimmst,
Du Schöpfer der Geschöpfe,
Du, der Du Dein Versprechen treu erfüllst,
Du, der Du die Kinder ernährst,
Du, der Du Deinen Bund einhältst,
Du, der Du das Verborgene kennst,
Du, der Du die Samenkörner keimen lässt,
verherrlicht bist Du, außer dem es keinen Gott gibt. Hilf!
Hilf! Befreie uns vom Feuer, unser Herr! ...

Du, der Du das Schöne enthüllst,
Du, der Du das Hässliche bedeckst,
Du, der Du ein Vergehen nicht gleich bestrafst,
Du, der Du den Schleier nicht zerreißt,
Du, dessen Vergebung groß ist,
Du, der Du Fehltritte ungestraft lässt,

Du, dessen Vergebung allumfassend ist,
Du, dessen Barmherzigkeit weit ist,
Du Gefährte aller stillen Gebete,
Du letzte Instanz aller Klagen,
verherrlicht bist Du, außer dem es keinen Gott gibt. Hilf!
Hilf! Befreie uns vom Feuer, unser Herr!

Du, außer dem es keinen Ausweg gibt,
Du, außer dem es keinen Unterschlupf gibt,
Du, außer dem es keine Zuflucht gibt,
Du, außer dem man niemandem vertrauen kann,
Du, außer dem es keine Ziele gibt,
Du, außer dem es keine Befreiung gibt,
Du, außer dem man nichts ersehnt,
Du, außer dem nichts angebetet wird,
Du, außer dem man niemanden um Hilfe bittet
Du, bei dem alle Kraft und alle Macht liegen
verherrlicht bist Du, außer dem es keinen Gott gibt. Hilf!
Hilf! Befreie uns vom Feuer, unser Herr! …

Du, der Du erschaffen und geordnet hast,
Du, der Du den rechten Weg leitest,
Du, der Du Unheil vertreibst,
Du, der Du die stillen Gebete erhörst,
Du, der Du Ertrinkende rettest,
Du, der Du Zugrundegehende birgst,
Du, der Du Kranke heilst,
Du, der Du leben und sterben lässt,
Du, der Du lachen und weinen lässt,
Du, der Du irregehen und zu Dir heimfinden lässt
verherrlicht bist Du, außer dem es keinen Gott gibt. Hilf!
Hilf! Befreie uns vom Feuer, unser Herr! …

Du Licht über Licht,
Du Erleuchter des Lichts,
Du Gestalter des Lichts,
Du Schöpfer des Lichts,
Du Zuteiler des Lichts,
Du Lenker des Lichts,
Du Licht, das vor allen Lichtern war,
Du Licht, das nach allen Lichtern sein wird,
Du Licht, das über allen Lichtern steht,
Du Licht, dem kein Licht gleich ist,
verherrlicht bist Du, außer dem es keinen Gott gibt. Hilf!
Hilf! Befreie uns vom Feuer, unser Herr! ...

Du Freude der Wissenden,
Du Sehnsucht der Verlangenden,
Du Beistand der Sehnsüchtigen,
Du Geliebter der Umkehrenden,
Du Versorger der Bedürftigen,
Du Hoffnung der Sünder,
Du Ermutiger der Besorgten,
Du Aufmunterer der Bekümmerten,
Du Tröster der Traurigen,
Du Gott der Ersten und der Letzten,
verherrlicht bist Du, außer dem es keinen Gott gibt. Hilf!
Hilf! Befreie uns vom Feuer, unser Herr! ...

Du Geliebter derer, die keinen Geliebten haben,
Du Heiler derer, die keinen Heiler haben,
Du, der Du denen antwortest, denen niemand antwortet,
Du, der Du für die sorgst, für die niemand sorgt,
Du Gefährte derer, die keinen Gefährten haben,
Du Fürsprecher derer, die keinen Fürsprecher haben,

Du Beistand derer, die keinen Beistand haben,
Du Wegweiser derer, die keinen Wegweiser haben,
Du Leiter derer, die keinen Leiter haben,
Du Erbarmer derer, die keinen Erbarmer haben,
verherrlicht bist Du, außer dem es keinen Gott gibt. Hilf!
Hilf! Befreie uns vom Feuer, unser Herr! ...

Führe uns den rechten Weg, den Weg derer, denen Du Gnade erweist, die nicht Zorn auf sich laden und die nicht irregehen

Bitte um Hilfe auf dem rechten Weg

Bei verschiedenen Handlungen

Beim Anziehen eines neuen Kleidungsstückes:

Gott, Dir gebührt alles Lob. Da Du mich mit diesem Kleidungsstück bekleidest, bitte ich Dich um das Gute darin und um das Gute, um dessentwillen es gemacht wurde.

Tirmidhi, Abu Dawud

Lob sei Gott, der mich hiermit bekleidet und mir dies geschenkt hat, ohne dass ich dazu die Kraft und Fähigkeit gehabt hätte.

Abu Dawud

Lob sei Gott, der mich mit diesem Kleidungsstück bekleidet, mit dem ich mich vor den Menschen schmücke, mit dem ich meine Blöße bedecke und das mir in diesem Leben eine Zier ist.

Ahmad

Wenn man in den Spiegel schaut:

Gott, du hast meine äußere Gestalt schön gemacht, also mache auch meinen inneren Charakter schön.

Darimi

Lob sei Gott, der meine Gestalt schön gemacht hat, der ihr gerechte Ausgewogenheit und gutes Ebenmaß gegeben und sie vollkommen ausgestattet hat und mich zu den Gottergebenen gehören lässt.

Tabrani

Vor dem Essen:

Im Namen Gottes und mit Gottes Segen. Lob sei Gott, der uns zu essen und zu trinken gibt und uns Seine Gnade und Seine Wohltaten schenkt.

Beim Essen als Gast anderer:

Gott, segne (meine Gastgeber) in dem, womit Du sie versorgt hast, und vergib ihnen und erweise ihnen Barmherzigkeit.

Muslim

Nach dem Essen:

Lob sei Gott, der uns Speise und Trank gibt und zu den Gottergebenen gehören lässt.
Tirmidhi, Abu Dawud, Ibn Majah

Lob sei Gott – reichliches, vorzügliches, segensreiches Lob! Endloses, ununterbrochenes Lob sei Dir, unserem Schöpfer und Erhalter.
Bukhari

Beim Milchtrinken:

Gott, segne uns darin und gib uns mehr davon.
Tirmidhi, Abu Dawud

Beim Studium des Qur'an:

Gott, Schöpfer der Himmel und der Erde, Eigner von Majestät und Gnade und unermesslicher Freundlichkeit! Ich bitte Dich, Gott, barmherziger Herr, um Deiner Majestät und des Lichts Deines Angesichts willen, gib meinem Herzen die Fähigkeit, Deine Schrift zu bewahren, so wie Du mich sie lehrst, und lass sie mich so vortragen, dass Du Wohlgefallen an mir findest.
Tirmidhi

Gott, Schöpfer der Himmel und der Erde, Eigner von Majestät und Gnade und unermesslicher Freundlichkeit. Ich bitte Dich, Gott, um Deiner Majestät und des Lichts Deines Angesichts willen, dass Du meine Augen mit Deiner Schrift erleuchtest, meine Zunge durch sie befreist, mein Herz damit tröstest, meine Brust damit weitest und meinen Körper damit läuterst, denn niemand steht mir mit der Wahrheit bei außer Dir. Es gibt keine Macht und keine Kraft außer bei Dir.

Tirmidhi

Um Klarheit und innere Ruhe beim Reden:

Mein Herr, weite mir meine Brust und erleichtere mir meine Aufgabe und löse den Knoten meiner Zunge, dass sie meine Rede verstehen.

Gebet des Mose in Surah 20:25–28

Einleitung zu einer Ansprache:

Alles Lob gebührt Gott. Wir loben Ihn und bitten Ihn um Beistand und Vergebung. Wir suchen Schutz bei Gott vor dem Bösen in unserem Inneren und vor unseren schlechten Handlungen. Wen Gott leitet, den kann niemand irreführen, und wen Gott irregehen lässt, den kann niemand leiten. Ich lege Zeugnis dafür ab, dass es keinen Gott gibt außer Gott, und ich lege Zeugnis dafür ab, dass Muhammad Sein Diener und Gesandter ist.

Tirmidhi, Abu Dawud

Ihr, die ihr glaubt, seid euch der Gegenwart Gottes bewusst und sprecht gute Worte. Er wird eure Handlungen für euch recht ausrichten und euch eure Fehler vergeben, und wer Gott und Seinem Gesandten folgt, wird großen Erfolg erlangen.

Surah 33:70–71

Zum Abschluss einer Ansprache oder Unterrichtsstunde:

Preis sei deinem Herrn, dem Herrn der Ehre, über alles, was man von Ihm aussagt, und Friede sei mit den Gesandten, und alles Lob gebührt Gott, dem Herrn der Welten.

Surah 37:180–182

Bei Vollendung einer Arbeit:

Unser Herr, nimm (dies) von uns an. Du bist doch der Hörende, der Wissende. Unser Herr, lass uns Dir ergeben sein, und mache aus unseren Nachfahren eine Gemeinschaft, die Dir ergeben ist, und zeige uns unsere gottesdienstlichen Handlungen. Du bist doch der sich Zuwendende, der Barmherzige.

Gebet Abrahams in Surah 2:127–128

Für die Wege des Alltags

Beim Verlassen des Hauses:

Im Namen Gottes. Auf Gott vertraue ich. Es gibt keine Macht und keine Kraft außer bei Gott.

Gott, wir suchen Schutz vor Dir davor, dass wir ausgleiten oder irregehen oder dass wir Unrecht begehen oder Unrecht erleiden oder dass wir unvernünftig handeln oder andere veranlassen, unvernünftig zu handeln.

Abu Dawud, Tirmidhi, Nasa'i

Beim Betreten der Moschee:

Ich suche Schutz bei Gott, dem Großen, und Seinem edlen Angesicht und Seiner ewigen Herrschaft vor der verworfenen Macht des Bösen.

Im Namen Gottes. Segen und Friede sei mit Gottes Gesandtem. Mein Schöpfer und Erhalter, vergib mir meine Vergehen und öffne mir die Tore Deiner Barmherzigkeit.

Abu Dawud, Tirmidhi, Ibn Majah

Beim Verlassen der Moschee:

Gott, ich bitte Dich um Deine Wohltaten.

Im Namen Gottes. Segen und Friede sei mit Gottes Gesandtem. Mein Schöpfer und Erhalter, vergib mir meine Vergehen und öffne mir die Türen Deiner Wohltaten.

Ahmad

Wenn man auf den Markt geht:

Es gibt keinen Gott außer Gott, dem Einzigen, der keinen Partner hat. Sein ist das Reich, und Ihm gebührt das Lob. Er belebt und lässt sterben, und Er ist der Lebendige, der nie stirbt. In Seiner Hand liegt alles Gute, und Er hat Macht über alle Dinge.

Tirmidhi, Ibn Majah

Im Namen Gottes. Gott, ich bitte Dich um das Gute, das dieser Markt bietet, und ich suche Schutz bei Dir vor allem Übel, das es in diesem Markt geben mag. Gott, ich suche Schutz bei Dir davor, dass ich dort bei einem Geschäft einen Verlust erleide.

Baihaqi

Beim Besteigen eines Reittieres oder Fahrzeuges:

Lob sei Gott. Preis sei Ihm, der uns dies dienstbar gemacht hat, denn wir hätten es nicht bändigen können, und zu unserem Herrn ist die Rückkehr.

Surah 43:13

Beim Heimkommen:

Gott, ich bitte Dich um das Gute beim Heimkommen und um das Gute beim Hinausgehen. Im Namen Gottes gehen wir hinein, und auf Gott, unseren Schöpfer und Erhalter, vertrauen wir.

Abu Dawud

Istikhara –
Gebet, um eine Entscheidung zu finden

Gott, ich bitte Dich um Gutes durch Dein Wissen und um Kraft durch Deine Kraft,

und ich bitte Dich um etwas von Deiner unermesslichen Güte.

Denn Du hast die Kraft, ich habe sie nicht, und Du hast das Wissen, ich habe es nicht, und Du kennst auch das Verborgene.

Gott, wenn Du weißt, dass diese Sache gut für mich ist in meiner Religion und meinem Leben

und für den letztendlichen Ausgang meiner Angelegenheit, dann teile sie mir zu, mache sie mir leicht, und segne mich darin.

Wenn Du aber weißt, dass diese Sache schlecht für mich ist in meiner Religion und meinem Leben

und für den letztendlichen Ausgang meiner Angelegenheit, dann wende sie von mir ab, wende mich von ihr ab, und teile mir Gutes zu, wo immer es sei, und lass mich damit zufrieden sein.

Bukhari

Für eine Reise

Beim Aufbruch:

Gott, wir bitten Dich um Rechtschaffenheit und Achtsamkeit auf dieser Reise und um gutes Verhalten, das Dir wohlgefällig ist. Gott, mache uns diese unsere Reise leicht und verkürze uns ihren Abstand. Gott, Du bist der Gefährte auf der Reise und sorgst an unserer Statt für unsere Angehörigen. Gott, ich suche Schutz bei Dir vor den Schwierigkeiten der Reise und davor, Schlimmes erleben zu müssen, und vor einer schlechten Rückkehr zu Eigentum, Angehörigen und Kindern.

Muslim

Gott, ich suche Schutz bei Dir vor den Mühen dieser Reise, vor einer unglücklichen Rückkehr; vor Mangel nach der Fülle; davor, dass ich jemandem Unrecht zufüge, so dass er darüber zu klagen hätte; und vor einer schlechten Heimkehr zu Angehörigen und Eigentum.

Muslim

Bei der Verabschiedung eines Reisenden:

Gott vertraue ich deinen Glauben, deine Sicherheit und den Erfolg für deine Bemühungen an.

Tirmidhi, Abu Dawud, Ibn Majah

Möge Gott dich mit Achtsamkeit ausstatten, deine Fehler vergeben und es dir leicht machen, Gutes zu erlangen, wo auch immer du bist!

Tirmidhi

Gott, verkürze ihm den Weg und mache ihm die Reise leicht.

Tirmidhi

Beim Besteigen eines Schiffes oder Flugzeuges:

In Gottes Namen geschieht seine Reise und seine Landung. Mein Herr ist doch vergebend, barmherzig.

Gebet Noahs in Surah 11:41

Bei der Ankunft in einer fremden Stadt:

Gott, Herr der sieben Himmel und dessen, worauf sie ihren Schatten werfen! Herr der sieben Erden und dessen, was sie tragen! Herr der Winde und dessen, was sie antreiben! Wir bitten Dich um Gutes in dieser Stadt und bei ihren Bewohnern, und wir suchen Schutz bei Dir vor dem Übel, das es in ihr und bei ihrem Bewohnern geben mag.

Gott, segne uns in dieser Stadt.

Gott, versorge uns mit den Früchten dieser Stadt und mache uns beliebt bei ihren Bewohnern, und schenke uns Liebe zu den Rechtschaffenen darin.

Tirmidhi

Bei einer Rast oder bei der Ankunft:

Mein Schöpfer und Erhalter, gewähre mir eine segensreiche Ankunft am Reiseziel – und Du bist das beste Reiseziel.

Gebet Noahs in Surah 23:29

Bei der Rückkehr von einer Reise:

(Wir sind) Zurückkehrende, Umkehrende, Diener unseres Herrn, den wir loben.

Um Orientierung auf dem spirituellen Weg

Beim Verlassen von Schlechtem und Widerwärtigem:

Ich wandere aus zu meinem Herrn. Er ist der Mächtige Freund, der Weise.

Gebet Abrahams in Surah 29:26

Ich breche auf zu meinem Schöpfer und Erhalter, der mich leiten wird. Mein Schöpfer und Erhalter, schenke mir jemanden, der auf Ordnung und Frieden bedacht ist (als Nachkommen oder Wegbegleiter).

Gebet Abrahams in Surah 37:99–100

Unser Schöpfer und Erhalter, auf Dich vertrauen wir, und zu Dir wenden wir uns, und zu Dir ist die Heimkehr. Unser Herr, mache uns nicht zu einer Versuchung für diejenigen, die die Wahrheit leugnen, und vergib uns, unser Herr. Du bist doch der Mächtige Freund, der Weise.

Gebet Abrahams in Surah 60:4–5

Mein Schöpfer und Erhalter, ich bin alles Guten bedürftig, das Du zu mir niedersenden magst.

Gebet des Mose in Surah 28:24

Um Führung und Leitung:

Unser Herr, lass unsere Herzen nicht mehr abirren, nachdem Du uns rechtgeleitet hast, und schenke uns Barmherzigkeit von Deiner Gegenwart. Du bist doch der Schenkende.

Surah 3:8

Gott, leite mich auf dem rechten Weg und rette mich vor dem Bösen in meinem eigenen Inneren.

Tirmidhi

Gott, erleuchte mein Herz und erleuchte mein Ohr und erleuchte meinen Blick ... Ich suche Schutz bei Dir vor bösen Impulsen im Herzen, vor Verwirrung in meinen Angelegenheiten und vor dem Leid des Grabes. Gott, ich suche Schutz bei Dir vor dem Übel dessen, was die Nacht mit sich bringt, und dem Übel dessen, was der Tag mit sich bringt, und vor dem Übel, das der Wind herbeiweht, und vor dem Übel der Anfechtung der Zeiten.

Gott, Herr der Erzengel Gabriel, Michael und Israfil, Schöpfer der Himmel und der Erde, der du das Verborgene und das Sichtbare kennst. Du richtest zwischen Deinen Dienern in dem, worin sie uneinig sind. Leite mich mit Deiner Erlaubnis in dieser Angelegenheit der Wahrheit und des Rechts, in der Uneinigkeit besteht. Du leitest doch, wen du willst, auf den rechten Weg.

Muslim

Gott, reinige mein Herz von Heuchelei und mein Handeln von Augendienerei und meine Zunge von Unwahrhaftigkeit und mein Auge von Unaufrichtigkeit, denn Du kennst die Unaufrichtigkeit der Augen und das, was in der Brust verborgen ist.

Masnun Du'a'ayn

Gott, ich bitte Dich um Beständigkeit darin, Deine Gebote zu halten, und um Entschlossenheit, auf dem rechten Weg voranzugehen. Ich bitte Dich um Dankbarkeit für Deine Wohltaten und darum, dass ich Dir auf schöne Weise dienen darf. Ich bitte Dich um ein heiles Herz und eine aufrichtige Zunge. Ich bitte Dich um alles Gute, das Du kennst, und suche Schutz bei Dir vor allem Bösen, das Du kennst. Ich bitte Dich auch um Vergebung für alle meine Schwächen, die Du kennst.

Nasa'i, Ahmad

Um Weisheit und Erkenntnis:

Mein Schöpfer und Erhalter, schenke mir Weisheit und lass mich zu denen gehören, die auf Ordnung und Frieden hinarbeiten. Schenke mir einen guten Ruf bei meinen Nachkommen und lass mich zu den Erben des Gartens der Seligkeit gehören. Vergib auch meinem Vater, der zu den Irrgehenden gehört hat. Lass mich nicht in Schande geraten an dem Tag, an dem (die Menschen) auferweckt werden, dem Tag, an dem weder Vermögen noch Kinder nützen, sondern nur, dass man mit heilem Herzen zu Gott kommt.

Gebet Abrahams in Surah 26:83–89

Es gibt keinen Gott außer Dir. Verherrlicht bist Du, Gott, und Dich lobpreise ich. Ich bitte Dich um Vergebung für meine Fehltritte und suche Deine Barmherzigkeit. Gott, lass mich an Wissen zunehmen, und lass mein Herz nicht abweichen, nachdem Du mich geleitet hast, und schenke mir Barmherzigkeit aus Deiner Gegenwart. Du bist doch der Schenkende.

Abu Dawud

Herr, Du hast mir Macht gegeben und mich die Interpretation von Ereignissen gelehrt. Schöpfer der Himmel und der Erde, Du bist mein beschützender Freund in dieser Welt und im zukünftigen Leben. Lass mich in Ergebenheit zu dir sterben und vereine mich mit denen, die auf Ordnung und Frieden bedacht sind.

Gebet Josephs in Surah 12:101

Gott, unser Herr, sende vom Himmel einen gedeckten Tisch (mit geistlicher Nahrung) zu uns nieder, dass es ein Festtag für uns sei, für den Ersten von uns und für den Letzten von uns, und als ein Zeichen von Dir. Schenke uns Versorgung, denn Du bist der beste Versorgende.

Gebet Jesu in Surah 5:114

Unser Schöpfer und Erhalter, vervollkommne unser Licht für uns und lösche unsere Fehler und Mängel aus. Du hast doch Macht über alle Dinge.

Surah 66:8

Das »Leise Gebet des Gottsuchenden«

Im Namen Gottes, des Erbarmers, des Barmherzigen.

Verherrlicht bist Du! Wie eng sind die Wege für den, der nicht Dich zum Führer hat, und wie klar ist die Wahrheit für den, den Du auf dem Weg leitest!

Gott, leite mich auf die Wege, die zu Dir führen, und lass uns auf den kürzesten Wegen reisen, die uns Dir näherbringen. Bringe uns das Ferne nahe und erleichtere uns, was schwer und mühsam ist. Stelle uns in die Reihen Deiner wahrhaftigen Diener, die mit guten Handlungen zu Dir eilen und immer wieder an Deiner Tür anklopfen, Dir früh und spät dienen und in Ehrfurcht vor Deiner Erhabenheit stehen. Sie sind es, deren Herzen Du erfrischst, deren Sehnsucht Du stillst, deren Mühe Du mit Deiner Gnade unterstützt, deren Brust Du mit Deiner Liebe erfüllst. Sie sind es, die Du aus Deiner lauteren Quelle tränkst. Durch Dich finden sie Freude daran, Deiner zu gedenken, und erreichen ihr höchstes Ziel.

Du, der Du diejenigen aufnimmst, die sich Dir zuwenden! Du, der Du langmütig und gnädig zu ihnen bist! Du, der Du auch denen gnädig und barmherzig bist, die nachlässig in Deinem Gedenken sind, und sie mit Liebe und Güte zu Deiner Tür hinziehst! Ich bitte Dich: Lass mich zu denen gehören, denen Du die höchste Gnade erweist, die die beste Stellung bei Dir erlangt haben, die sich an der größten Liebe freuen, denen Du den Vorzug geschenkt hast, Dich erkennen zu dürfen. Denn all mein Streben ist nur nach Dir allein, alle meine Wünsche sind nur auf Dich ausgerichtet. Du, nur Du bist mein Verlangen. Dir, nur Dir gilt meine Wache in der Nacht. Dir zu begegnen ist mein Augentrost. Die Verbindung meiner Seele mit Dir ist mein

Herzenswunsch. In der Liebe zu Dir liegt meine Hingabe und in der Sehnsucht nach Dir meine Kraft. Dein Wohlgefallen ist mein Ziel. Deine Schau ist mein Begehren. Deine Nähe ist mein einziger Wunsch, und Deine Gegenwart ist mein Verlangen, denn im Gebet zu Dir finde ich Beruhigung und Glückseligkeit, Heilung für meine Krankheit, Erquickung für meinen Durst, Linderung für meinen Schmerz und Trost für meinen Kummer.

Sei also Du mein Freund in meiner Einsamkeit und meine Unterstützung bei meinem Zögern. Vergib mir meine Fehler und Schwächen, nimm meine Umkehr an, erhöre meinen Ruf, schütze mich vor Sünden und stille meinen Hunger. Trenne mich nicht von Dir und weise mich nicht ab, denn Du bist meine wahrhaftige Glückseligkeit und mein Paradiesgarten, meine Welt und mein zukünftiges Leben – Du Barmherzigster aller, die Barmherzigkeit erweisen!

Gottes schönste Namen

Sprich: Ruft Allâh (Gott) an oder ruft ar-Rahmân (den Erbarmer) an – bei welchem (Namen) auch immer ihr Ihn anruft, Sein sind die schönsten Namen …

Surah 17:110

Gottes sind die schönsten Namen, darum ruft Ihn damit an und überlasst diejenigen sich selbst, die Seinen Namen Unwahrheit unterstellen …

Surah 7:180

Traditionell spricht man von neunundneunzig schönsten Namen Gottes, die Gottes Attribute bezeichnen. Sie erscheinen an verschiedenen Stellen im Qur'an und wurden in Überlieferungen zusammengestellt. Sie alle bezeichnen den Einen, betonen aber unterschiedliche Aspekte, auf die Betende oder Meditierende im Zusammenhang mit ihrem Anliegen Bezug nehmen können. Wenn man beispielsweise von Sorgen um den Lebensunterhalt geplagt ist, erinnert man sich an Gott als ar-Razzâq (der Versorgende) oder ar-Rahîm (der Barmherzige); wenn man Rat sucht oder Kenntnisse erwerben möchte, bezieht man sich auf Gott als al-'Alîm (der Wissende) oder al-Hakîm (der Weise); wenn man unter Unrecht leidet, ruft man Gott an mit Namen, die sich auf Seine Eigenschaften als gerechter Richter und Eröffner neuer Möglichkeiten beziehen, wie al-Hakam (der Richter), al-'Adl (die Gerechtigkeit) oder al-Fattâh (der Öffnende) und so weiter.

Allâh
Gott

ar-Rahmân
der Gnädige

ar-Rahîm
der Barmherzige

al-Mu'min
der Treue

al-Muhaymin
der Beschützer

al-Khâliq
der Schöpfer

al-Bâri'
der Gestalter

al-Wahhâb
der Schenkende

ar-Razzâq
der Versorgende

al-Bâsit
der Erweiternde

al-Khâfid
der Erniedrigende

as-Samî'
der Hörende

al-Basîr
der Sehende

al-Khabîr
der Wahrnehmende

al-Halîm
der Langmütige

al-'Alî
der Hohe

al-Kabîr
der Große

al-Jalîl
der Vollkommene

al-Karîm
der Großzügige

al-Hakîm
der Weise

al-Wadûd
der Liebende

al-Malik der König	al-Quddûs der Heilige	as-Salâm der Friede
al-'Azîz der Mächtige Freund	al-Jabbâr der Einrenkende	al-Mutakabbir der Majestätische
al-Musawwir der Bildner	al-Ghaffâr der wiederholt Vergebende	al-Qahhâr der Bezwingende
al-Fattâh der Öffnende	al-'Alîm der Wissende	al-Qâbid der Begrenzende
ar-Râfi' der Erhebende	al-Mu'izz der Ehrende	al-Mudhill der Demütigende
al-Hakam der Richter	al-'Adl die Gerechtigkeit	al-Latîf der Freundliche
al-'Adhîm der Herrliche	al-Ghafûr der gründlich Vergebende	ash-Shakûr der Dankbare
al-Hafîdh der Bewahrer	al-Muqît der Erhalter	al-Hasîb der Abrechnende
ar-Raqîb der Aufmerksame	al-Mujîb der Antwortende	al-Wâsi' der Umfassende
al-Majîd der Ruhmreiche	al-Bâ'ith der Erweckende	ash-Shahîd der Zeuge

al-Haqq
die Wahrheit

al-Wakîl
der Sachwalter

al-Hamîd
der Lobenswürdige

al-Muhsî
der Rechnende

al-Mumît
der den Tod Ermöglichende

al-Hayy
der Lebendige

al-Wâhid
der Eine

al-Ahad
der Einzige

al-Muqaddim
der Beschleunigende

al-Mu'akhhir
der Aufschiebende

al-Bâtin
der innerlich Verborgene

al-Wâlî
der Regierende

al-Muntaqim
der Vergeltende

al-Afûw
der die Fehler
Auslöschende

al-Muqsit
der Aufwiegende

al-Jâmi'
der Sammelnde

ad-Darr
der Schaden
Zulassende

an-Nâfi'
der Gutes
Ermöglichende

al-Bâqî
der Bleibende

al-Wârith
der Erbe

al-Qawwî der Starke	al-Matîn der Feste	al-Walî der nahe Freund
al-Mubdî der Neubeginn Schaffende	al-Mu'îd der Wieder-herstellende	al-Muhyî der Belebende
al-Qayyûm der Seiende	al-Wâjid der Findende	al-Mâjid der Edle
as-Samad der Unabhängige	al-Qâdir der Bestimmende	al-Muqtadir der Fähige
al-Awwal der Erste	al-Âkhir der Letzte	adh-Dhahir der äußerlich Offenbare
al-Muta'âlî der Hocherhabene	al-Barr der Ursprung der Güte	at-Tawwâb der Sich-Zuwendende
ar-Ra'ûf der Mitleidige	Mâlik ul-Mulk der Herr der Herrschaft	Dhul-Jalâli wal-Ikrâm Herr der Majestät und Gnade
al-Ghanî der Reiche	al-Mughnî der Bereichernde	al-Mâni' der Verhütende
an-Nûr das Licht	al-Hâdî der Führende	al-Badî' der Unvergleich-liche
ar-Rashîd der Leitende	as-Sabûr der Geduldige	

Ich beginne mit dem Namen Gottes in der ersten Zeile,
denn Seine schönsten Namen sind eine uneinnehmbare
Burg gegen alles Übel.

In der zweiten bitte ich um Segen für das beste der
Geschöpfe,
Muhammad, der mit Öffnung und Hilfe geschickt wurde.

Wenn man den Kreis des Gottgedenkens eröffnet,
dann beginnt der Vorsänger mit Deinem Namen, Herr des
Throns.

Wenn ich bedrückt bin und mein Herz beklommen ist,
dann strahlt Gottes liebevolle Fürsorge hinein, ohne dass
ich weiß, woher sie kommt,

sobald ich Ihn um Trost anrufe,
bei Seinen schönen und mächtigen Namen.

Darum, Gott, Erbarmer, ich war in Not,
doch Du bist der Barmherzige, der König von Schöpfung
und Gebot.

Bei Deiner Heiligkeit, Heiliger, Friede, Treuer, Beschützer,
läutere mich von innen und von außen.

Mächtiger Freund, Verbesserer, Majestätischer, Schöpfer
der Welt,
schütze mich an dem Tag der Abrechnung.

Gestalter der Schöpfung, ich habe niemanden außer Dir,
vollkommener Bildner;

Vergebender, Bezwingender, heile Du, was zerbrochen ist.

Schenkender, Versorgender, schenke mir das, worum ich bitte;
Öffnender, Wissender, erleuchte die Finsternis meiner Gedanken.

Begrenzender, Erweiternder, der Du erniedrigst und erhebst,
erhöhe mein Gedenken an Dich, indem Du mich auch danach leben lässt.

Ehrender, Demütigender, Hörender und Sehender,
ziehe den Schleier Deiner Gnade über die Hässlichkeit meiner Fehler.

Richter, höchste Gerechtigkeit, Freundlicher, alles Wahrnehmender –
wir haben nur Dich als Zuflucht in Kummer und Not.

Langmütiger, Herrlicher, gründlich Vergebender, Dankbarer –
Du enttäuschst nicht den, der auf Langmut und Vergebung von Dir hofft.

Hoher, Großer, Bewahrer, Erhalter –
gewähre uns Deinen Schutz in allen schwierigen Zeiten.

Abrechnender, Vollkommener, Aufmerksamer, Großzügiger –
von wem außer Dir könnten wir hoffen, dass er ein Freund der Armen sein könnte?

Antwortender, Umfassender, Weiser, Liebender –
antworte doch dem Ruf dessen, der Dich aus großer Not
um Deine Güte anruft.

Ruhmreicher, Erweckender, Zeuge aller Dinge, auf den wir
hoffen –
erweise uns, ewige Wahrheit, Deine allumfassende Gnade.

Sachwalter aller Angelegenheiten, Starker, Fester, naher
Freund,
sei ein schützender Freund für Deinen Diener und bewahre
ihn vor der Gefangenschaft der Sünde.

Lobenswürdiger, Berechnender aller Dinge, Neubeginn
Schaffender und Wiederherstellender –
Deine unzählbaren Gaben hören niemals auf.

Belebender, den Tod Ermöglichender, ewig Lebendiger,
beständig Seiender, Findender, Edler,
überlass mich nicht der Vergeltung am Tag der Versammlung zum Gericht.

Einer und Einziger, Unabhängiger von allen Dingen, alles
Bestimmender –
wir hoffen auf Dich, wenn sich die Fülle des Lebens verengt.

Fähiger, Beschleunigender, Aufschiebender –
bewahre meinen guten Ruf und halte alle auf Abstand, die
mir schaden wollen.

Erster und Letzter, äußerlich Offenbarer und innerlich
Verborgener, alles Regierender,
ziehe mich in die Gegenwart Deiner Lauterkeit.

Hocherhabener, Ursprung der Güte, Sich-Zuwendender,
wende Dich uns gnädig zu.
Vergeltender, halte mich fern von allem Bösen.

Die Fehler Auslöschender, Mitleidiger, Herr der Herrschaft,
Du bist der Herr der Majestät und Gnade,
darum vergib alle Fehltritte.

Aufwiegender, Sammelnder, Reicher, Bereichernder –
bereichere unsere Herzen, so dass sie mit Reichtum überfließen.

Verhütender, Schaden Zulassender, Gutes Ermöglichender,
Licht, Führender –
führe uns durch Dein Licht zum Seelenfrieden.

Unvergleichlicher, immer Bleibender, letztendlicher Erbe,
Leitender auf dem rechten Weg, Geduldiger,
leite mich recht zu Dankbarkeit und Geduld.

Bei Deinen schönsten Namen rufen wir Dich an,
im Streben nach Deiner Zufriedenheit und Freundlichkeit
im Leben und im Grab.

Und am Tag der Auferstehung und der Versammlung an dem Ort,
an dem die ganze Schöpfung zur Rechenschaft gezogen wird, Kenner aller Geheimnisse.

Wenn die Aufzeichnungen der Handlungen vorgelegt werden und die Waage der Gerechtigkeit aufgestellt wird
und wenn wir über die Brücke zum zukünftigen Leben gehen.

Schenke uns Wohlergehen in dieser Welt und Barmherzigkeit,
sowohl hier als auch in der kommenden Welt, allumfassend Gütiger!

Schenke uns ein Siegel der Güte, dass wir in der Nähe Muhammads sein dürfen,
des Lobenswürdigen, wenn die Stunde der Versammlung kommt.

Gottes Segen und Friede möge auf ihm ruhen ohne Ende,
und auch auf seinen Angehörigen und edlen Gefährten.

Gott, vergib dem Dichter dieser Zeilen und seinen Angehörigen und Nahestehenden,
und sei ihnen immer ein Schutz und Schirm.

Vergib auch dem Leser und allen Gottergebenen.
Lob und Dank sei immer Gott, meinem Herrn.

Personen

Gebete der islamischen Tradition werden oft lange mündlich und in unterschiedlichen Versionen überliefert. Manchmal sind die Autoren bekannt, manchmal werden Gebete berühmten Persönlichkeiten zugeschrieben. Viele sind in den Sammlungen von Überlieferern zu finden. In der folgenden Liste werden Autoren und Überlieferer von Texten in diesem Buch aufgeführt.

Abu Dawud Sulayman Sijistani (gest. 889 n. C.) – Gelehrter, Sammler von Überlieferungen vom Propheten; ihm wird eine Sammlung von Gebeten und Meditationen zugeschrieben

Ahmad at-Tijani (gest. 1815 n. C.) – nordafrikanischer Mystiker und Begründer der Sufitradition der Tijaniyah.

Ahmad b. Hanbal (gest. 857 n. C) – Gelehrter, Sammler von Überlieferungen vom Propheten, Begründer der hanbalitischen Rechtschule

Husayn b. Mas'ud Al-Baghawi (gest. 1122 n. C.), Gelehrter und Qur'ankommentator, bearbeitete vorhandene Überlieferungssammlungen

Muhammad Al-Bukhari (gest. 870 n. C.) – Gelehrter, einer der bekanntesten und verlässlichsten Sammler von Überlieferungen vom Propheten

Ali b. Abi Talib (gest. 661) – Vetter des Propheten Muhammad und langjähriger Schüler und Begleiter, Ehemann seiner Tochter Fatima, vierter Kalif in der sunnitischen und erster Imam in der schi'itischen Tradition

Ali b. Al-Husayn Zayn al'Âbidîn (gest. 712 n. C.) – Urenkel des Propheten Muhammad; viele seiner schönen Gebete sind in der Sammlung As-Sahîfat al-Kâmilah zusammengefasst

Abdullah Ad-Darimi (gest. 819 n. C.) – Gelehrter, Sammler von Überlieferungen vom Propheten

Fatima bt. Muhammad (gest. 632 n. C.) – Tochter des Propheten Muhammad

Al-Hasan Al-Basri (gest. 737 n. C.) – bedeutender Gelehrter und einer der frühen Mystiker

Muhammad Ibn Majah (gest. 887 n. C.) – Gelehrter, Sammler von Überlieferungen vom Propheten

Malik b. Anas (gest. 795 n. C.) – Gelehrter, Sammler von Überlieferungen vom Propheten, Begründer der malikitischen Rechtsschule

Muhammad b. Abdallah (gest. 622 n. C.) – Prophet, Begründer des Islam

Muhammad b. al-Habib (gest. 1972 n. C.) – nordafrikanischer Gelehrter und Shaykh der Darqawi-Sufitradition

Muhammad Iqbal (gest. 1938 n. C.) – Philosoph und Dichter in Britisch-Indien, »Nationaldichter Pakistans«

Muslim b. Al-Hajjaj (gest. 875 n. C.) – Gelehrter, einer der bekanntesten und verlässlichsten Sammler von Überlieferungen vom Propheten

Ahmad An-Nasa'i (gest. 915 n. C.) – Gelehrter, Sammler von Überlieferungen vom Propheten

Yahya b. Sharaf An-Nawawi (gest. 1278 n. C.) – Gelehrter, bearbeitete vorhandene Überlieferungssammlungen

Muhammad b. 'Isa At-Tirmidhi (gest. 892) – Gelehrter, Sammler von Überlieferungen vom Propheten

Yunus Emre (gest. 1321 n. C.), türkischer Sufi-Dichter

Literatur

Sammlungen von Überlieferungen

Al-Bukhari, Muhammad: Sahîh (Arabisch, Englisch, 9 Bd.), Beirut o. J.

Muslim b. Al-Hajjâj: Sahîh (Arabisch, 4 Bd.), Kairo 1960

Abu Dawud Sulayman Sijistani: Sunan (Arabisch, 2 Bd.), Kairo 1952

Al-Baghawi, Husayn b. Mas'ûd: Mishkât al-Masabîh (Arabisch, Urdu, 3 Bd.), Karachi o. J.

Sammlungen von Gebetstexten

Masnun Du'a'ayn (Arabisch, Englisch), Ashraf, Lahore o. J.

Al-Muntakhab al-Hasani (Arabisch, Persisch), London 1407 H

Ahmad Abdul-Jawad (Arabisch): Ad-Du'â al-Mustajab, Kairo o. J.

As-Sahîfat as-Sajjadiyah (Ali b. al-Husayn: As-Sahîfat al-Kâmilah, Arabisch), Teheran o. J.

Yazda Surat ash-Sharif (Arabisch, Urdu), Taj Company, Karachi o. J.

Al-Qahtani, Sa'id b. Ali b. Wahf: Hisn al-Muslim (Arabisch), Riad o. J.

Majmû'ah Durûd Sharif (Arabisch, Urdu), Taj Company, Karachi o. J.

Muhammad b. al-Habib: Diwan (als Fotokopie verbreitete Auszüge, Arabisch)

Qutb ad-Din al-Hanafi: Kitab Ad'iyât al-Hajj wal-'Umrah (Arabisch), Lahore o. J.
Al-Qummi, Shaykh Abbas: Mafatîh al-Jinân (Arabisch, Englisch), Qum 2004
Yunus Emre: Diwan (Türkisch), Ankara 1991
Ateş, Süleyman: Açiklamali Büyük Duâ Mecmuasi (Arabisch, Türkisch), Ankara o. J.
Siyalkoti, Mawlana Muhammad Sadiq, 1982: Rahmate-'Âlam ki Du'â'ein (Arabisch), Lahore 1982
El-Nevevi, Zekariyya Yahya b. Şeref: Peygamberimizden en güzel Duâlar ve Zikirler (Arabisch, Türkisch), Konya 1991
Dehlawi, Mawlana Muhammad Ibrahim Sahib: Tibb Ruhani (Arabisch, Urdu), Lahore o. J.
Qadri, Muhammad: Al-Hizb al-A'zam (Arabisch, Englisch), Karachi o. J.

Lesenswertes auf Deutsch

Annemarie Schimmel: Denn Dein ist das Reich. Gebete aus dem Islam, Freiburg 1978
Annemarie Schimmel: Nimm eine Rose und nenne sie Lieder, Berlin 2004
Annemarie Schimmel: Gärten der Erkenntnis, München 1982
Annemarie Schimmel: Rumi. Ich bin Wind und du bist Feuer, München 2003
Martin Bauschke, Walter Homolka, Rabeya Müller: Gemeinsam vor Gott: Gebete aus Judentum, Christentum und Islam, Gütersloh 2004

Der Qur'an auf Deutsch

Der Koran

Vollständig und neu übersetzt von Ahmad Milad Karimi

Mit einer Einführung herausgegeben von Bernhard Uhde

572 Seiten | Gebunden in Kunstleder mit Goldprägung

ISBN 978-3-451-30292-3

Ahmad Milad Karimi, geboren in Kabul, nach dem Studium der Philosophie, Mathematik und Islamwissenschaft in Freiburg und Neu Delhi als Wissenschaftler, Übersetzer und Schriftsteller tätig. Er bewegt er sich seit vielen Jahren sowohl in den Sprachen und Kulturen des Islam wie auch in der europäischen Kultur- und Geistesgeschichte. Ahmad Milad Karimi legt als Muslim eine poetische und wortgetreue Neuübersetzung des Koran vor.

Bernhard Uhde, katholischer Theologe und Religionswissenschaftler, begleitet die Übersetzung wissenschaftlich und gibt eine fundierte Einführung.

Das Ergebnis dieses gelebten interreligiösen Dialogs: Die Sprachgewalt und Sprachschönheit des arabischen Originals, die einmalige Faszination des Koran, wird in Karimis Übersetzung auch für alle spürbar, die kein Arabisch können.

Die schönsten Gebete der Weltreligionen

Fülle in Frieden komme vom Himmel

Die schönsten Gebete des Judentums

Herausgegeben von Rabbiner Walter Homolka

HERDER spektrum Taschenbuch 6401

ISBN 978-3-451-06401-2

Professor Dr. Walter Homolka, Landesrabbiner a. D., Rektor des Abraham Geiger Kollegs an der Universität Potsdam, ist Autor und Herausgeber zahlreicher Veröffentlichungen zum zeitgenössischen Judentum. Er schreibt im Vorwort zur Gebete-Sammlung »Fülle in Frieden komme vom Himmel«: Sie ist eine »Zusammenstellung jüdischer Gebete (in deutscher Sprachfassung), die einen lebendigen Eindruck vom reichen Schatz und der Schönheit jüdischer Gebetserfahrung vermitteln will. Traditionelle Pflichtgebete kommen darin (in Auszügen) zum Abdruck ebenso wie Zeugnisse liturgischer Poesie oder neuzeitlichen jüdischen Betens. Von den biblischen Psalmen spannt sich der Bogen bis zu Beterinnen und Betern der Gegenwart.«

Mögen die Worte meines Mundes und meine Herzensbitten
Gnade vor dir finden,
Ewiger, mein Fels und Erlöser.
Der Frieden stiftet in den Himmelshöhen,
stifte Frieden unter uns und ganz Jisrael!
Sprecht: Amen!

Aus dem Achtzehnbitten-Gebet

HERDER

Wie im Himmel so auf Erden
Die schönsten Gebete des Christentums
Herausgegeben von Schwester Katharina Schridde
HERDER spektrum Taschenbuch 6405
ISBN 978-3-451-06405-0

Schwester Katharina Schridde, evangelische Benediktinerin, Mitglied der Communität Casteller Ring (CCR), einer evangelischen Ordensgemeinschaft innerhalb der bayerischen Evangelisch-Lutherischen Kirche, lebt in einer kleinen geistlichen Weggemeinschaft in Berlin und ist als geistliche Begleiterin und Referentin für Theologie und Spiritualität tätig.

In deine Hände lege ich meine Seele.
Ich gebe sie dir, mein Gott,
mit der ganzen Liebe meines Herzens,
weil ich dich liebe
und weil diese Liebe mich treibt,
mich dir hinzugeben,
mich in deine Hände zu legen, ohne Maß,
mit einem grenzenlosen Vertrauen.
Denn du bist mein Vater.
Charles de Foucauld

HERDER

Die schönsten Gebete der Weltreligionen

Dein Name gewährt jeden Wunsch

Die schönsten Gebete des Hinduismus

Ins Deutsche übertragen und herausgegeben von Martin Kämpchen

HERDER spektrum Taschenbuch 6403
ISBN 978-3-451-06403-6

Dr. Dr. Martin Kämpchen lebt seit vier Jahrzehnten in Indien und ist der deutsche Übersetzer des indischen Nationaldichters und Literaturnobelpreisträgers Rabindranath Tagore (1861–1941). Er hat die Texte dieses Bandes vor Ort gesammelt, übersetzt und zusammengestellt. Martin Kämpchen setzt sich in zwei Stammesdörfern in Indien für eine alternative Entwicklungshilfe ein.

Dein Name gewährt jeden Wunsch,
die Übel des Dunklen Zeitalters welken dahin,
wer ihn ausspricht.
Du Meer der Erbarmung,
Tulsi bittet um diese Gnade,
dass er wie ein Fischlein sein darf
im heiligen Strom deiner Liebe.
Tulsidas

HERDER

Mögen alle Wesen glücklich sein

Meditationstexte des Buddhismus

Mit zahlreichen Originalübersetzungen herausgegeben und eingeleitet von Burkhard Scherer

HERDER spektrum Taschenbuch 6404
ISBN 978-3-451-06404-3

Dr. Burkhard Scherer, Universitätsprofessor (Reader) für Vergleichende Religionswissenschaften an der englischen Canterbury Christ Church University, ist langjähriger praktizierender Buddhist und lehrt in buddhistischen Zentren weltweit.

Was für Lebewesen es auch immer gibt,
sich bewegende oder nicht bewegende,
restlos alle,
solche die lang sind oder groß,
mittel oder kurz, klein oder groß,
sichtbar oder unsichtbar,
ob sie weit entfernt leben oder nah,
schon existieren oder erst noch geboren werden –
mögen alle Wesen von glücklicher Gesinnung sein!
Aus dem Mettā Sutta

HERDER